LA FILLE
DU
COMMISSAIRE,
OU
LES SUITES D'UN DUEL,
PAR RABAN.

TOME SECOND.

PARIS.
TENON, LIBRAIRE-ÉDITEUR,
RUE HAUTEFEUILLE, N. 30.

1828.

LA FILLE

DU COMMISSAIRE,

ou

LES SUITES D'UN DUEL.

OUVRAGES DU MÊME AUTEUR.

	VOL.
Le comte Ory,	3
Le marquis de la Rapière,	1
M. Corbin,	2
Blaise l'éveillé,	3
L'Époux parisien,	3
Le Prisonnier,	3

NOTA. M. RABAN déclare qu'un roman ayant pour titre : *Les Jumeaux de Paris*, et publié sous son nom, n'est pas de lui.

IMPRIMERIE DE PLASSAN,
Rue de Vaugirard, n. 15.

LA FILLE
DU
COMMISSAIRE,
OU
LES SUITES D'UN DUEL,

PAR RABAN.

TOME DEUXIÈME.

PARIS.
TÉNON, LIBRAIRE-ÉDITEUR,
RUE HAUTEFEUILLE, N. 30.

—

1828.

LA FILLE DU COMMISSAIRE,

ou

LES SUITES D'UN DUEL.

CHAPITRE PREMIER.

Bruxelles. — M. le directeur. — Les perruques.

Il faisait nuit lorsque Charles arriva à Tournay, la ville de la Belgique la plus voisine de la frontière. Son premier soin fut de se procurer des vêtemens, car l'habit qu'il portait était fort propre à lui attirer quelques nouvelles tracasseries, et les aventures de ce genre commençaient à le fatiguer. Fort heureusement, sa bourse et son portefeuille se trouvaient dans la poche du gilet qui lui servait de corset. Au moyen de cette puissance, à laquelle rien ne résiste, la métamorphose a bientôt cessé; seulement ce ne sont ni les bottes, ni l'habit, ni le chapeau d'un fashionable qui remplacent les élégans colifichets de la belle marraine, mais notre héros s'en console. Si son habit ne sort pas de chez Staub, si sa tournure a perdu quelque chose de sa grâce ordinaire, que lui importe? il est à soixante lieues de Paris, et ce ne sont pas des conquêtes qu'il va chercher en Belgique; loin de là, c'est après la sagesse qu'il court, et quelle importance un sage peut-il attacher à la coupe d'un habit?...

— Je veux, se disait-il, vivre ignoré jusqu'à ce que ma liberté ne soit plus menacée : alors je viendrai en France, j'achèterai une métairie dans le voisinage de M. Georges, et je passerai ma vie près de ma jolie marraine... Il est vrai qu'il faudra, avant tout, terminer quelques petites affaires, payer mes dettes, par exemple : elles sont quelque peu nombreuses; mai j'ai vingt mille francs de rentes, et tout compte fait il m'en restera les deux tiers; c'est trois fois plus qu'il n'en faut à un philosophe... Il y a aussi cet original d'officier qu'il faudra satisfaire... Diable! cela dérange un peu mes projets... Un philosophe qui se bat... Pourtant il le faudra bien, car ce garçon-là ne me paraît pas homme à manquer à sa parole en faveur de la philosophie.. Allons, je me battrai; mais ce sera la dernière fois, et en conscience ce ne sera pas ma faute... Pourvu que je ne le tue pas!... J'ai la main si malheureuse depuis six mois!... Il n'en faudrait pas davantage pour ajourner indéfiniment l'exécution de mon plan de réforme.

Charles était entré à l'hôtel du *Lyon Belgique*, et c'était en attendant la diligence de Bruxellles qu'il raisonnait ainsi. Plusieurs voyageurs attendaient comme lui l'heure du départ, ce qui n'empêchait pas que le plus profond silence régnât dans la salle. Assis autour d'une table chargée d'énormes verres de bière, et n'ouvrant la bouche que pour livrer passage à de longues colonnes de fumée, et cracher régulièrement à la troisième aspiration, ils n'interrompaient ces graves occupations que pour savourer de temps en temps une gorgée de faro. — Voilà des compagnons de voyage comme il m'en faut, pensa notre réfugié; bien certainement ceux-là ne me feront pas faire de folies; et, s'il faut en juger par l'échantillon, Bruxelles est la retraite qui convient à un sage de fraîche date; la gaîté n'y est point contagieuse, et l'on y peut méditer à son aise sur les avantages résultant de la réunion d'un cerveau étroit à un ventre large...

L'heure du départ arriva; mais Charles put néanmoins continuer à donner un libre cours à ses réflexions: les gros Flamands qui roulaient avec lui semblaient n'être montés en voiture que pour s'endormir à point nommé. — Les honnêtes gens! disait le jeune homme; ils boivent, fument, mangent, dorment, et ils s'imaginent vivre..... Pauvre espèce humaine! je te conseille de vanter ta supériorité sur les bêtes!...

Cependant la nuit était fort avancée; à cet accès de mauvaise humeur, dont notre héros n'avait pu se défendre, succéda un léger assoupissement; puis il s'endormit lui-même profondément, et ne s'éveilla qu'au moment où la diligence entrait à Bruxelles. Des remparts en ruines, des fossés fangeux, une misérable porte de bois vermoulu, tels sont les premiers objets qui frappent ses regards; plus loin, des rues sales, un air épais, une odeur de houille qui prend à la gorge, tout rappelle à Charles qu'il n'est plus sous le beau ciel de la France. La voiture s'arrête, on met pied à terre ; notre réfugié, qui n'a point de bagage, marche à l'aventure : les rues sont presque désertes; toutes les physionomies portent l'empreinte de la tristesse... — Eh quoi! se dit il, c'est là cette belle cité que tant de gens osent comparer à Paris!... Mais peut-être est-il dans un fauboug : il marche encore... Partout le même silence, la même solitude. — Et pourtant, disait il en soupirant, c'est ici qu'il me faudra vivre peut-être long-temps, loin de mes amis, de ma belle marraine... Prenons courage.

En ce moment il se trouvait près de l'hôtel de Hollande : il entre, se fait donner une chambre, et demande à déjeuner. On le sert; mais à peine s'est-il mis à table que son hôte se présente, un registre à la main, et l'invite à décliner son nom, sa qualité, etc. — Vous êtes français, monsieur?

— Oui.

— Vous avez des papiers?

— Le diable les emporte! murmure le jeune homme, avec leurs papiers... Il semble qu'un honnête homme ne puisse faire un pas sur cette terre sans le bon plaisir d'un maire de village. Et pourtant il ouvre son portefeuille; un papier frappe ses regards, c'est son diplôme de bachelier; il le présente à son hôte, espérant que celui-ci, n'y comprenant rien, s'en contentera, et que, cette fois, il évitera la visite des gendarmes, car il y a de cela partout:

l'utilité de cette espèce est aujourd'hui si généralement reconnue, qu'il s'en fait une consommation presque égale à celle des truffes.

Charles avait raison d'espérer : les gendarmes ne se mêlèrent pas de cela; seulement, vingt minutes après, il reçut la visite d'un individu au teint hâve, à l'œil faux, portant canne à pomme noire, chapeau rond et cocarde orange, lequel le pria de le suivre chez M. le directeur de la police.

— Qu'ai-je à faire chez votre directeur ?

— Monsieur, c'est relativement... monsieur le directeur vous dira... d'ailleurs, c'est par son ordre que...

et si vous refusiez, je me verrais forcé...

— Allons, dit notre réfugié en se levant, il y a encore ici quelque diablerie.

Et il suivit l'homme à la cocarde orange. On arrive à l'hôtel-de-ville ; Charles est introduit dans le cabinet de M. le directeur.

— C'est donc vous, monsieur, qui croyez que l'on passe d'un royaume à un autre avec un chiffon de papier?...

— Monsieur, c'est un diplôme.

— Diplôme... diplôme... qu'est-que cela signifie, monsieur?... je lis *faculté des lettres, université*, tandis qu'il devrait y avoir : *Laissez passer et librement circuler...* Entendez-vous, monsieur, *librement circuler*, ce qui signifie aller d'un lieu à un autre sans que personne puisse y trouver à redire... excepté pourtant les gardes champêtres, les douaniers, les gendarmes, les commissaires de police, les bourgmestres, gens du roi, etc., et ce qui prouve que vous deviez rester chez vous.

— Et pourquoi cela, s'il vous plaît ?

— Pourquoi ? monsieur.. Ah, pour-pourquoi !... Vous me demandez pourquoi... Eh bien ! monsieur, parce que...

— Voilà une excellente raison; cependant j'imaginais que, dans l'hospitalière Belgique...

— Oui, monsieur, hospitalière, excessivement hospitalière!

— Pour les gens qui ont des passeports.

— Pour tout le monde, monsieur; et la preuve de cela, c'est que je vais vous faire conduire à l'Amigo.

— Quel est ce pays-là, je vous prie?

— Monsieur, c'est une maison de sûreté où nous mettons les voleurs, les escrocs, les gens sans passeports, les tapageurs, etc., et dans laquelle vous resterez jusqu'à ce que je vous fasse reconduire à la frontière.

— En effet, c'est pousser loin

l'hospitalité ; mais afin de vous éviter cette peine, je vais, si vous voulez bien le permettre, prendre la diligence, et retourner en France.

— Monsieur, c'est une faveur que je n'accorde pas à tout le monde.... Cependant, si vous partiez sur-le-champ....

— A l'instant même.

Et Charles, tournant les talons, sortit précipitamment, de peur que M. le directeur, se ravisant, ne voulût absolument lui donner l'hospitalité. Déjà il est loin de l'hôtel-de-ville ; il marche sans autre but que celui de s'éloigner, et il réfléchit à ce qu'il va faire, car il n'a pas, comme on le pense bien, l'intention de partir. Pourtant il faut trouver un gîte; cela est embarrassant. Encore s'il connaissait quelqu'un dans cette ville !

— Le diable emporte Laurent et ses conseils, dit-il ; il me fait quitter Paris pour éviter la prison, et à chaque pas que je fais, j'en trouve une prête à me recevoir.

Il peste, et continue à marcher; bientôt il a parcouru la rue de la Madeleine, la Montagne de la Cour; il arrive à la place Royale. Quelque préoccupé que l'on soit, on se lasse bien vite de réfléchir en plein vent, par un froid de dix degrés : une enseigne frappe les regards du promeneur ; il lit *Café de l'Amitié*, et il se réfugie dans ce lieu. Une heure s'écoule, et Charles n'a encore trouvé aucun expédient pour se tirer d'affaire. Il allait sortir, lorsqu'un garçon du café s'approche, et lui dit à demi-voix : — Monsieur veut-il monter au premier?

— Pourquoi cette question?

— C'est que.... si monsieur n'était pas étranger, il saurait qu'il y a toujours bonne société au premier..... Les parties sont commencées depuis une heure.

Charles devine à peu près ce que veut dire le garçon; il hésite, mais que faire ailleurs? Cette *bonne société* n'est probablement qu'un tripot... Qu'importe? Charles n'est pas joueur, il ne jouera pas : c'est seulement en observateur qu'il y assistera. Il monte, et se trouve bientôt au milieu de gens dont la plupart ont fort mauvaise mine : cela ne l'étonne pas, il s'y attendait. Des tables de jeu sont dressées dans toutes les parties de la salle; l'or circule sur les tapis : le silence n'est interrompu que par ces mots : Dix florins,... le roi,.. trèfle,.... cœur,.... atout,.... la vole Tous les regards sont attachés sur les cartes : l'un attend la noire, l'autre la rouge; le destin de chacun semble dépendre de la couleur qui va retourner; les visages se contractent; l'œil avide, le cou tendu, tous attendent. A ce silence succède un léger murmure : le teint des uns s'anime, celui des autres se rembrunit ; mais cet état dure peu, tant il sont impatiens de subir de nouveau ce supplice. Charles souffre ; il éprouve une agitation qui lui est inconnue ; sa main s'est machinalement portée sur sa bourse. — Je parie cent florins, dit un joueur..... Personne ne répond. Charles étouffe ; sa bourse est sur la table...— Je tiens, dit-il. Et il lui semble que ces deux mots viennent de bouleverser tout son être. — Le roi, la vole.... J'ai gagné, dit son adversaire, et il ramasse l'or.

Le premier pas est fait ; Charles ne se sent plus le courage de reculer. En un quart-d'heure sa bourse est vide; dejà il a changé l'un des billets qui garnissent son portefeuille. La chance tourne, le billet lui revient, sa bourse se remplit, il sent qu'il devrait se retirer; mais la soif de l'or a passé dans son âme, il ne se connaît plus. Le jour, une partie de la nuit s'écoulent, et il est encore à la même place; au point du jour, il ne l'a point quittée : il perd quatre mille francs; c'est moitié de la somme qu'il avait en entrant, mais en quelques coups il peut réparer cette perte.... — Cinq cents florins, dit-il, en faisant cette réflexion. — Je tiens, répond quelqu'un.... Dix minutes après, notre étourdi n'avait plus rien.

Pâle, défait, il se lève et se hâte de fuir cet infâme repaire : sa conscience est bourelée, sa tête s'exalte; il craint de se porter à quelque extrémité.

Le parc est à quelques pas de là; Charles y entre : il en fait plusieurs fois le tour sans s'en apercevoir; le froid est excessif, il ne le sent pas; c'est du vitriol qui coule dans ses veines. La perte qu'il a faite n'est pas considérable pour un homme qui a vingt mille francs de revenu; mais le lieu où il a fait cette perte, les circonstances qui l'ont accompagnée, tout cela brise son cœur : il a ressenti la honteuse passion du jeu, il n'a pas su résister au misérable appât de quelques pièces d'or; un instant même il a conçu qu'on peut cesser d'être honnête homme... Cependant peu à peu le grand air calme son agitation; il s'assied, et parvient à remettre un peu d'ordre dans ses idées. Que va-t-il faire? sans argent, sans asile, et, pour comble de maux, la police à ses trousses; car dans une ville de quatre-vingt mille âmes, il ne peut espérer de vivre long-temps sans être découvert par les âmes damnées de M. le directeur... — Et pourtant, s'écrie-t-il, je voulais être sage, j'en avais pris la ferme résolution;... mais aussi pourquoi cet original s'est-il avisé de me demander des papiers? Il est clair maintenant qu'il ne suffit pas de vouloir être philosophe, il faut encore que la police veuille bien le permettre ; car qu'est-ce qu'un philosophe qui n'a pas de passeport?....

Peut-être Charles aurait-il poussé plus loin ces réflexions, si, dans ce moment, son estomac n'avait parlé très-haut d'intérêts plus positifs : vingt-quatre heures se sont écoulées depuis qu'il a pris un modeste repas, et notre sage futur est forcé de convenir qu'on ne vit pas plus de philosophie et de sagesse que d'amour ou d'eau claire. Il tire en soupirant cette bourse naguère encore si rondelette.... Hélas ! quelques misérables plaquettes et environ deux florins de menue monnaie sont tout ce qu'elle contient!... Le pauvre réfugié quitte le banc glacé sur lequel il se reposait; il frissonne en passant près du tripot, seule cause du cas piteux où il se trouve. Après avoir marché pendant un quart d'heure, il s'arrête devant la boutique d'un modeste traiteur, consulte de nouveau sa bourse, entre et demande à dîner.

La table voisine de celle où il s'est placé est occupée par deux jeunes gens : ils sont français, car ils causent, rient et boivent du vin. Toutefois ce voisinage déplaît à Charles; la situation d'esprit dans laquelle il se trouve ne s'accorde pas avec cette joie bruyante.

— Oh ! les sots ! disait l'un..... ils donnent là-dedans ?

— Si bien, mon ami, que ma fortune est en bon chemin.

— Faire fortune avec des perruques !

— Eh non ! mon cher, ce n'est pas avec des perruques, mais avec mon génie.... Dis un peu à cette tourbe d'imbécilles qui font les beaux fils au Club et qui caracollent dans l'*Allée-Verte* : Messieurs, voulez-vous des perruques ?... j'en ai de bonnes, bien solides, qui vous coifferont parfaitement, etc... Et quand tu auras bien crié, tu seras heureux si l'un d'eux te fait l'honneur d'ajuster un lorgnon sur son œil hébêté pour examiner ta tournure. Mais si, t'approchant, la tête haute, l'air important, tu dis : Monsieur le comte, monsieur le baron, permettez-moi de remarquer que vos toupets n'ont pas le sens commun.... c'est vous compromettre que de souffrir que l'on vous coiffe de la sorte.... Dans les salons de Paris, il est certain que vous courriez le risque d'être montré au doigt.... Voulez-vous être des gens parfaits, accomplis, jetez votre toupet au feu, et, d'un pas de géant, élevez-vous jusqu'aux perruques à double courant d'air dont je suis l'inventeur.... Oui, messieurs, la chose est maintenant reconnue, sans le double courant d'air, il faut vous résigner à n'être que des hommes ordinaires.... — Alors, mon ami, tu seras un homme de génie, la providence des têtes à perruques, classe nombreuse et éminemment utile aux pauvres diables qui n'ont que de l'esprit à mettre en circulation.... Double courant d'air.... sens-tu bien quel effort doit coûter à un cerveau l'enfantement d'un si beau nom!... Il y a là dedans de l'étoffe pour faire un millionnaire.

—Sur ce, mon cher Aristide, à la santé des sots!

— Non pas, s'il vous plaît, la race en est trop nombreuse : buvons sans scrupule à la nôtre ; les gens d'esprit seront toujours en minorité.

Charles, malgré sa mauvaise humeur, n'avait pu s'empêcher de sourire aux premiers mots de cette burlesque conversation ; au bout d'un instant, il lui sembla que la voix du plus grand parleur ne lui était pas inconnue. Le nom d'Aristide prononcé par l'autre interlocuteur lui fait lever la tête; il n'en peut plus douter, ce grand génie qui a fait une si belle découverte.... c'est un étudiant en médecine qu'il a connu autrefois.

— Parbleu ! s'écrie-t-il en se levant, je bénis mon étoile; jamais rencontre ne s'est faite plus à propos.

—Tiens! c'est toi, Charles!....
Le bonheur m'écrase aujourd'hui;
retrouver deux amis en une heure!...
Et qui diable t'amène ici?

—C'est une histoire que je te
conterai plus tard. Avant tout, con-
duis-moi chez toi, la fatigue m'accable : il y a deux jours que je suis
ici, et je n'ai pu prendre encore un
instant de repos, attendu que je n'ai
point de passeport.

—Comment, point de passeport!..
mais, mon cher, tu n'es pas à la
hauteur.... Que l'on se ruine, que
l'on fasse des dettes, à la bonne
heure; mais on prend ses précautions; quel diable! mon ami, c'est
une faute impardonnable.... Allons,

je vois que tu as encore besoin de leçons : nous te formerons..., Garçon ! une bouteille de champagne.... Sais-tu, mon cher, que mes affaires sont superbes? la plus belle boutique de la ville, trois mille perruques en magasin: je coiffe la cour et la ville, les actrices et les journalistes.... Tu fais le dégoûté, je crois... Mon ami, par le temps qui court, quand du chignon d'une servante d'auberge on sait tirer vingt-cinq louis, le perruquier disparaît pour faire place à l'homme de mérite !

Charles riait de bon cœur, et, le champagne aidant, il oublia promptement toutes ses mésaventures ; mais les fumées du vin ne tardèrent pas à appesantir ses paupières : il pria de nouveau Aristide de lui procurer quelques heures de repos, et la joyeuse séance fut levée.

CHAPITRE II.

L'oreille de l'ambassadeur. — M. le bourgmestre.

— Maintenant, mon ami, disait Aristide, j'espère que tu voudras bien me dire à combien de jolies choses tu as employé ta fortune ?....

— Mon cher, ma fortune est encore à peu près ce qu'elle était il y a deux ans.

— Que diable chantes-tu là ?.... Est-ce que, par hasard tu n'aurais pas fait ban.... J'avais bien raison de dire que tu n'étais pas à la hauteur...

Ah çà, puisque tu es toujours riche, il faut que tu sois fou de venir t'enterrer ici. Ce n'est pas qu'il y manque de bons vivans... Nous avons, par exemple, la société des *Haut-le-pied*, composée de bons enfans qui mènent joyeuse vie.... quand ils ont de l'argent, et ils n'en manquent presque jamais ; car Bruxelles, mon cher ami, est la terre promise des gens d'esprit qui ont envoyé promener leurs créanciers, ou qui ont eu quelque démêlé avec la police correctionnelle.... Je t'en ferai connaître trente qui seraient morts de faim à Paris, et qui sont ici des industriels de première classe. Moi, par exemple, je suis de ceux-là :

fils d'un barbier qui voulait pousser sa postérité jusqu'à l'émétique et la lancette, je vins étudier à Paris.... Huit cents francs par an étaient tout ce que pouvait m'envoyer le bon homme.... Huit cents francs!... Je te demande si un joli garçon qui aime les plaisirs, peut en conscience vivre avec soixante-six francs et quelques centimes par mois?... il n'y avait pas là pour le billard et la *Chaumière*.... Je fis donc de fort mauvaises études; mais en revanche je fis de très-belles dettes, et je me lançai.... Tu n'as pas oublié nos promenades au bois, nos dîners chez Véfour.... et ces jolies soirées chez Julia!... Dieux, le bon temps!

Des chevaux, des maîtresses, des duels, des parties de chasse..... Malheureusement ces animaux d'usuriers sont tous pétris du même limon ; ils s'imaginent, quand ils prêtent de l'argent, que l'emprunteur songe à le leur rendre... comme si un homme d'esprit qui s'amuse, avait le temps de penser à ces affaires-là ! J'empruntais beaucoup, mais je ne rendais rien; c'est naturel, et il faut que ces imbécilles tiennent furieusement aux préjugés pour qu'une méthode dont l'excellence est si généralement reconnue trouve en eux des récalcitrans. Rien n'est redoutable comme la colère d'un créancier ; j'en avais trente qui se fâchèrent en même temps... Huissiers de protester, tribunaux de condamner, gardes de commerce, recors de vouloir m'appréhender au corps.... Mais j'avais, grâce au ciel, une planche de salut dans mon portefeuille..... un passeport en bonne forme. Je pris mon parti, et j'arrivai ici.... Que faire? la médecine? Dieu merci, j'ai si bien employé mon temps là-bas, que je n'en sais pas un mot. Heureusement, je n'ai pas oublié le métier de mon père : je donne encore fort proprement le coup de peigne, je tourne passablement une perruque, et il me reste quelques louis.... Trois jours après, tous les journaux du pays faisaient de mon habileté un éloge pompeux, à raison d'une plaquette par ligne. Quelques amateurs me font demander, j'y vais en cabriolet : ma bonne étoile m'envoie pour pratique la première danseuse du grand théâtre : je la rajeunis de dix ans.... Le soir même, elle fait la conquête d'un ministre, et trois jours après j'avais un brevet d'invention pour les inimitables perruques à double courant d'air. Que d'autres tuent les gens, moi je les coiffe, et je m'en trouve bien. Encore deux ans de vogue, et mon affaire est faite....

Le récit de Charles fut bientôt terminé. — Mon cher Aristide, dit-il ensuite, ta situation te permet de me donner asile pendant quelques semaines, et c'est tout ce dont j'ai besoin; de l'argent, j'en aurai promptement: il me suffira d'écrire pour cela, et c'est ce que je vais faire à l'instant.

Charles écrivit donc.

« Mon cher Laurent,

« Tu as de l'expérience, du bon
« sens, et pourtant te es cause que
« depuis quinze jours je ne fais que
« des sottises. Tes conseils ne valent
« pas le diable; nous allons, s'il te
« plaît, changer de rôle. Tu voudras
« donc bien, au reçu de la présente,
« partir pour Paris, prendre dix

« mille francs chez mon banquier, « et venir me rejoindre le plus promp- « tement possible. »

Laurent ne fut pas surpris que son maître eût besoin d'argent, il y était accoutumé; mais il ne concevait pas que Charles pût lui attribuer ses dernières étourderies. Le bon homme était sensible au reproche. — Prenez donc de sages précautions, se disait-il, donnez-vous beaucoup de peine pour une mauvaise tête... on a l'air de vous écouter ; survient un minois chiffonné, crac! voilà tout changé!... Vous verrez que ce sera ma faute, s'il arrive que M. Georges soit.... Ça serait fort ; mais ça ne m'étonnerait pas.....

Le vieux serviteur murmurait, mais c'était en obéissant. Tandis qu'il roulait vers Paris, son maître passait le temps le plus gaîment possible; son ami Aristide, qui, malgré le succès de ses perruques, n'avait pas perdu le goût des plaisirs, lui faisait faire la connaissance d'une foule de personnages qui tous avaient quitté Paris pour la même raison, c'est-à-dire pour cause d'incompatibilité d'humeur avec leurs créanciers. On dînait aujourd'hui *à la Croix Blanche*, et demain *à l'Oranger;* on passait les soirées chez Freischmann, ou au spectacle, et

Charles commençait à trouver la ville moins triste. Il est vrai qu'il n'était guère plus sage que par le passé ; mais il n'attendait que de l'argent pour commencer l'exécution d'un plan de réforme admirable. Tout cela d'ailleurs ne l'empêchait pas de penser à madame Georges, et presque aussi souvent à la naïve Céline, à cette jeune fille qu'il n'avait fait pour ainsi dire qu'entrevoir, et qui lui avait témoigné un si tendre intérêt. Celle-là ne lui avait point fait faire de serment indiscret, et s'il avait pu faire un plus long séjour à Arras…. Enfin, il pensait aussi de temps en temps à cet officier qui avait juré sa mort, et qui semblait veiller sur lui. Charles lui écrivit même pour le remercier de l'avis qu'il en avait reçu si à propos, et pour lui dire qu'il serait toujours à ses ordres.

Le temps s'écoule vite quand on l'emploie ainsi. Laurent était arrivé; une partie de l'argent qu'il avait apporté avait servi à payer quelques dettes; le reste diminuait chaque jour d'une manière sensible; mais Delmar se trouvait très-heureux de n'avoir, à ce prix, rien à démêler avec les gens à cocarde orange. Puis vint le printemps, saison délicieuse, qui n'a pas, il est vrai, sur l'esprit obtus des bons Flamands autant d'influence que la bière et les *patates*; mais qui ne laisse pas de diminuer un peu la teinte lugubre de leur physionomie. Tout était donc pour le mieux dans ce pays, qui pourtant n'est pas, à beaucoup près, le meilleur des pays possibles, lorsqu'un événement peu important en lui-même vint tirer Charles de l'espèce d'apathie où il se trouvait. Aristide, à la suite d'une longue séance à la Croix-Blanche, avait été forcé de reconnaître que, si cet aphorisme de gastronomie transcendante : *Tout ce qui vit mange, l'homme d'esprit seul sait manger*, est vrai, il ne l'est pas moins que l'estomac d'un homme d'esprit n'est pas plus que celui d'un sot à l'abri d'une indigestion. Jamais ventru n'en eut une mieux conditionnée que celle qui lui survint à la suite de la longue séance dont nous venons de parler, et qui pendant plusieurs jours força cette providence des têtes à perruques à garder le lit.

— Ah! mon ami, dit-il à Charles, qui, le second jour, venait savoir de ses nouvelles, jamais je ne me consolerai de ce qui m'arrive... Depuis trois mois je convoite le corps diplomatique... Quelles têtes que celles-là pour un homme comme moi!.. Ambassadeurs, consuls, vice-consuls, ministres plénipotentiaires, toutes têtes à congrès, et par conséquent... les bonnes têtes!... Elles résistaient pourtant! aux plus pressantes sollicitations, elles n'avaient jusqu'ici répondu que par le silence... sans doute pour ne point se compromettre; et voilà qu'aujourd'hui, aujourd'hui que ma main tremble et qu'une fièvre de cheval me force à rester au lit, un ambassadeur m'envoie chercher... Conçois-tu le guignon... envoyer un garçon... impossible! ce serait risquer ma réputation, me perdre... ces animaux sont si lourds! l'excellence leur adressera dix fois la parole pour en obtenir un *ya, menhir*... Et pourtant si je pouvais mettre la main sur les têtes diplomatiques!... Ah! mon ami, mon cher Delmar, quel service tu pourrais me rendre dans cette circonstance!... il est si aisé de placer une perruque sur la tête d'un individu, de lui dire que cela rajeunit ses traits sans leur ôter rien de leur dignité...

— Y penses-tu, Aristide?

— Eh! mon ami, qui te connaîtra? tâche de te persuader que nous sommes en carnaval... C'est une mascarade qui me vaudra deux ou trois mille florins par an.... En seras-tu moins honnête homme, parce que tu auras coiffé un ambassadeur?

— Quoi! sérieusement, tu crois...

— Oui, je crois que tu ne refuseras pas ce service à un ami intime qui se mettrait en quatre pour t'obliger, qui se donnerait dix indigestions si cela pouvait te faire plaisir... De quoi s'agit-il, après tout? d'un acte de commerce assaisonné de quelques phrases.

Charles, qui avait d'abord envisagé la chose sérieusement, finit par la trouver plaisante : il accepte, se fait donner quelques instructions, prend une boîte qui contient la marchandise qu'il va faire valoir, monte en cabriolet, et arrive chez le grand personnage, près duquel il est introduit sur-le-champ.

— On m'a dit des merveilles de vos perruques, mon ami.

— Monseigneur, c'est un éloge

qu'elles méritent; vous en serez bientôt persuadé.

— Prenez donc les rasoirs qui sont sur ma toilette, et commencez ?

— Des rasoirs ?

— Sans doute..; je suis jeune encore, mais les veilles, les méditations... le travail de l'esprit... Les véritables hommes d'état vieillissent vite, mon ami; voilà pourquoi le peu de cheveux qui me reste ne peut s'allier convenablement à ceux que vous m'apportez.

Charles est dans un grand embarras; il n'avait pas prévu cela; il hésite sur le parti qu'il doit prendre. Risquera-t-il le coup de rasoir?...

cet instrument lui est peu familier; avouera-t-il son ignorance? ce serait le plus sage; mais alors les espérances d'Aristide sont anéanties, et il compte tant sur les têtes diplomatiques...

— Dépêchons, mon ami, car je vais ce matin à la cour.

Ces paroles font cesser l'indécision du coiffeur improvisé; sa main est armée du fatal acier... l'opération est commencée.

— Prenez garde, mon ami.. ouf!.. vous m'écorchez...

— Monseigneur, c'est que... c'est la protubérance de la perspicacité... vous l'avez d'une force...

— Sans doute... gentilhomme et

diplomate... mais ce n'est pas une raison pour en ôter quelque chose... aye! aye!...

— La bosse du savoir, monseigneur... bosse de l'esprit, bosse...

— Le diable t'emporte, bourreau!

Et l'ambassadeur, furieux, se lève vivement. Ce mouvement brusque fait prendre au rasoir une position verticale ; il glisse sur la tempe, et tombe, entraînant dans sa chute un fragment considérable de l'oreille droite ; le sang coule en abondance, et le blessé fait retentir l'hôtel de ses cris. Charles est effrayé ; cette mauvaise plaisanterie peut avoir les suites les plus graves... Enfonçant précipitamment son chapeau sur sa tête, il s'élance dans l'escalier, le franchit d'un saut, se jette dans le cabriolet qu'il a laissé à la garde de Laurent, et, en un clin d'œil, il est hors de la ville.

— Monsieur, criait le vieux serviteur, faites donc attention... nous sommes sur la route de France...

— Que m'importe!...

— Mais, monsieur, la prison...

— Celles de la Belgique valent-elles mieux ?

— Je n'en sais rien ; mais...

— Mais... mais...; alors laisse-moi en repos.

Et le léger équipage, emporté par un cheval vigoureux, semblait voler au milieu d'un nuage de poussière : il allait trop vite pour aller bien loin. En Belgique, les chiens hargneux sont, aussi-bien que leurs maîtres, soumis à l'impôt personnel, ce qui n'empêche pas qu'ils soient très-nombreux : en traversant le village d'Anderlekh, le cabriolet en fut assailli ; le cheval s'arrête, se cabre, recule, et le derrière du léger équipage va donner au milieu des vitres d'un estaminet. Aussitôt le nombre des dogues est augmenté d'une douzaine de Flamands; tous croassent ou aboient; c'est un tintamarre infernal, un sifflement qui écorche les oreilles les plus aguerries, et au milieu desquels Charles ne distingue que ces deux mots : *cum bourgmestre !* Il veut parler, on ne l'entend pas, et les hurlemens redoublent. Il n'en fallait pas tant pour mettre à bout la patience du jeune homme. — Canaille ! s'écria-t-il ; et d'un coup de fouet il va couper le visage de celui qui retient le cheval. Fort heureusement Laurent a deviné la pensée de son maître ; il arrête le fouet vengeur. — Eh ! monsieur, n'avons-nous pas sur les bras assez de méchantes affaires ?

— Laisse-moi corriger ces brutes.

— Brutes, tant que vous voudrez ; mais, au nom de Dieu, faites attention que ces brutes ont des bras vigoureux, des épaules larges, des têtes de fer.

La remarque était juste, et Charles, malgré sa colère, sentit qu'il n'avait pas d'argumens assez forts pour combattre ceux dont Laurent faisait l'énumération. Cette considération l'engagea à mettre pied à terre : il s'avança au milieu du groupe, qui grossissait à chaque instant, et parvint, non sans peine, à faire comprendre qu'il consentait à se laisser conduire chez le magistrat.

On arrive chez M. le bourgmestre, que l'on trouve faisant justice d'une énorme *carbonade*, flanquée d'une honnête quantité de *patates*. A peine est-on entré, qu'un bruit assourdissant se fait entendre de nouveau ; toutes ces grosses machines humaines croassent en même temps, et Charles, malgré ses efforts, ne peut faire arriver un seul mot jusqu'au magistrat, ce qui, d'ailleurs, n'eût pas servi à grand'chose, car ce dernier, calme au milieu du tumulte, continuait avec un sang-froid admirable à découper la tranche de bœuf, et paraissait bien décidé à faire droit avant tout aux réclamations du ventre. Force fut bien aux plaignans et aux accusés d'attendre que cette opération fût terminée.

Un quart d'heure s'écoula ; après quoi M. le bourgmestre dit ses grâces, alluma sa pipe, et, se tournant vers l'assemblée, entre la seconde et troisième aspiration, fit signe de la main qu'il écoutait.

Cependant les gens de l'ambassadeur étaient sur les traces du coupeur d'oreilles; tandis que le bourgmestre mangeait, un détachement de valetaille arpentait le chemin d'Anderlekh, et à peine le croassement néerlandais avait-il recommencé, que deux laquais tout essoufflés vinrent augmenter le nombre des plaignans.

— Monsieur le bourgmestre, c'est un brigand!...

— Un marchand de perruques....

— Il a écrasé mon chien....

— Il a cassé mes vitres....

— Monsieur le bourgmestre, dit un grand coquin en livrée, c'est un misérable qui coupe les oreilles....

LE BOURGMESTRE.

Godfordum!...

LE LAQUAIS.

Oui, monsieur le bourgmestre, il coupe les oreilles aux ambassadeurs....

LE BOURGMESTRE.

Goddum!...

LE LAQUAIS.

Et il est capable de les couper aux bourgmestres.

LE BOURGMESTRE.

Jesus, Maria!...

LE LAQUAIS.

Alors, vous sentez bien!...

LE BOURGMESTRE.

Ney ! ney ! menhir ! je bas fouloir sendir....

LE LAQUAIS.

Je veux dire que vous comprenez bien....

LE BOURGMESTRE.

Ya !... ya !... ferston....

LE LAQUAIS.

Que c'est un homme à pendre....

LE BOURGMESTRE.

Ya !...

LE LAQUAIS.

Et qu'il faut l'arrêter....

LE BOURGMESTRE.

Ya !...

CHARLES.

Monsieur le bourgmestre, je demande la parole.

En parlant ainsi, le délinquant, reconnaissant la nécessité d'avoir recours aux grands moyens, s'avance, une bourse à la main. A la vue de ce talisman, le magistrat prend sa pipe d'une main, son bonnet de l'autre, et, après s'être incliné respectueusement, il ordonne que l'on fasse silence.

Charles reprend : — Je sais bien que, quelle que soit la longueur des oreilles d'un diplomate, il n'est permis à personne de retrancher le superflu.... Il est également défendu de casser les vitres et d'écraser les individus, tels que bassets, griffons, caniches et autres contribuables de la même espèce.... De tels dommages peuvent bien être estimés à cinquante florins; en voilà cent; prenez, et que le diable vous emporte!

A ces mots, il jette la somme dans le bonnet du magistrat; et, tandis que la foule avide se précipite sur le butin, Charles disparaît, laissant à son vieux serviteur le soin de terminer cette affaire, et de reconduire à Bruxelles le cheval et le cabriolet d'Aristide.

CHAPITRE III.

Il est condamné. — Le commissaire. — L'officier des haras.

— Adieu, peuple bâtard, disait Charles en cheminant pédestrement; tristes animaux, lourdes masses de chair qui usurpez le nom d'hommes, adieu !... Je quitte sans regret votre terre inhospitalière et fangeuse.... Je vais.... je vais.... Ma foi, je ne sais pas trop où je vais.... Eh parbleu ! chez ce bon monsieur Georges.... revoir ma jolie marraine.... Oui, mais si cela allait les compromettre! ma disparition a fait jaser; mon retour, mon changement de costume réveilleront les soupçons; les soupçons ramèneront les gendarmes, et... Décidément, il faut en finir; j'irai à Arras; j'irai trouver ce diable d'homme qui ne veut pas que l'on m'emprisonne, et qui meurt d'envie de m'envoyer *ad patres*.... Il faut absolument que je sache à quoi m'en tenir. J'ai fait quelques folies, c'est vrai, mais il y a six mois que je n'en fais plus ; sans cette maudite affaire.... Je sens le besoin d'être sage.... je veux être sage, moi!.... quel diable! Nous verrons quelles seront les autorités qui oseront.... D'abord je descends chez Comard....

Elle est jolie, madame Comard, très-jolie.... pas autant que madame Georges, pourtant.... La sagesse a d'ailleurs des avantages incontestables, et voilà pourquoi, en quittant Arras, je.... Cependant je ne puis me dispenser de faire une visite à ma jeune protectrice; cette charmante enfant! que de gentillesse! quelle candeur! je crois encore sentir la douce pression de ses jolis doigts fixant sur mes épaules, à l'aide de quelques épingles, le fichu qui, la veille, dérobait aux regards ses appas naissans.... j'entends cette voix douce.... Gentille Céline, je te reverrai, dussent tous les commissaires.... C'est de de la reconnaissance, voilà tout, et la reconnaissance n'est pas imcompatible avec la sagesse ; et il n'est pas impossible que la fille d'un commissaire.... — Eh ! conducteur, y a-t-il une place?

— Montez, monsieur.

Et voilà notre héros roulant vers la France tout en donnant un libre cours à ses réflexions morales. Vers le soir, on franchit la frontière; deux heures après on passa à une portée de fusil de la fabrique de M. Georges. Charles soupira en pensant qu'il se trouvait si près de sa jolie marraine; combien de temps doit s'écouler avant qu'il lui soit permis de la revoir! Quand pourra-t-il réaliser les rêves enchanteurs dont l'amour, depuis six mois, l'a tant de fois bercé? c'est ce qu'il est impossible de prévoir. Ces pensées l'attristent ; mais, à mesure que la voiture s'éloigne, cette tristesse diminue. A l'image de madame Georges succède encore celle de Céline ; Charles se rappelle de nouveau le tendre embarras de la jeune fille; il se plaît à repasser dans sa mémoire tous les détails de cette scène délicieuse pendant laquelle l'innocence de l'aimable enfant a couru de si grands dangers.... Et pourtant, se disait-il encore, au moment où la voiture entrait à Arras, ce n'est que de la reconnaissance, car j'aime toujours ma belle marraine.

— Ah! mon cher compère! s'écria

Comard, en reconnaissant notre voyageur ; que je suis content de vous revoir!.. Allons donc, madame Comard!... il y a deux heures qu'il fait grand jour... Compère, vous déjeunez avec nous?..... Pierre, trois couverts au n°. 1... Savez-vous que votre filleule est une maîtresse fille?... Ah çà, compère, j'espère que vous ne m'en voulez pas, relativement à.... Dame, vous sentez bien qu'un homme qui n'a pas plus de politique que sur la main, et qui entend dire, *c'est un conspirateur*... Tenez, rien que d'y penser, ça me donne la chair de poule.... mais quand j'ai su de quoi il s'agissait, alors je me suis montré.... vrai, je me suis montré; et la cousine Georges a pu vous dire.... Pierre, soignez les pieds de veau.... C'est une fière femme, que la cousine Georges!... de l'esprit jusqu'au bout des doigts... Nous les mangerons à la vinaigrette...

Madame Comard parut; on se mit à table, et, la bonne humeur du pâtissier augmentant, Charles, qui ne pouvait parvenir à placer un mot, chercha à s'en dédommager en faisant honneur au talent culinaire de son hôte.

— A votre santé, compère!..... Cette fois, au moins, nous ne craignons pas les brigadiers, les commissaires.... Et pourtant c'est un brave homme que notre commissaire.....

un homme instruit, qui vous déguste une pâte fine.... Aussi, il peut compter sur moi pour son repas de noces.... je le soignerai, celui-là !...

Ces dernières paroles attirèrent l'attention de Charles, qui, depuis un quart d'heure, n'écoutait plus son bavard Amphytrion.

— Votre commissaire! il se marie?..

— Non; mais il marie sa fille.

— Céline !... Pauvre petite !...

— Tiens! il la connaît, le compère!... Pas si pauvre pourtant; car elle épouse M. le comte Dublaisot, bon gentilhomme, qui a soixante-six ans, du foin dans ses bottes et cent mille écus de bien au soleil; il n'y a pas dans tout le département du Nord un homme capable de mieux gouverner les chevaux; aussi est-il officier des haras depuis dix ans, et il est certain qu'on le fera préfet au premier jour.... Eh bien, compère, croiriez-vous que la petite fait des façons?... Ces jeunes filles! elles sont toutes comme cela; il faudrait leur faire faire des maris exprès.... Comme si un officier des haras.... Mais le papa a dit oui; c'est comme si le notaire y avait passé.... Il est entêté, le papa Rudomont.... et puis, un si beau parti!...

— Pauvre Céline! dit encore Charles; et il cessa de manger.

— Ah çà, compère, vous la connaissez donc?

— Pas précisément; mais....

— Je vois ce que c'est; vous êtes du parti des jeunes filles qui.... Eh bien, compère, je n'en suis pas, moi !... L'amour est une belle chose, c'est possible; mais, avec les sentimens, on fait souvent maigre chère, par la raison toute simple que cette monnaie-là n'a pas cours chez les restaurateurs....

Comard aurait pu parler longtemps encore, sans courir le risque d'être interrompu, car Charles ne l'entendait plus; les yeux vifs, les dents blanches et les joues vermeilles de la jolie pâtissière, avaient cessé de l'occuper; oubliant jusqu'à sa belle marraine, la fille du commissaire est le seul objet de ses pensées...

— Eh quoi! se dit-il, tant de grâces, de gentillesse, d'innocence vont devenir la proie d'un podagre!.. Quelle horrible profanation! Pauvre petite!.. espère-t-il, ce vieux satyre, te faire partager ses dégoûtans transports!... Sera-ce dans ses bras décrépits et tremblans que tu goûteras les délices de l'amour!.. Non, parbleu! il n'en sera rien... Nous verrons un peu, monsieur des haras, si vous avez le poignet aussi vert.. Cette fois, on ne pourra pas y trouver à redire... Il est clair que la reconnaissance, l'humanité, me font un devoir.... Une! deux! monsieur l'officier... Ah! vous vous avisez d'être amoureux...

Je me fends en tierce.... et d'une fille charmante encore!..... vous romprez, corbleu!... Un coup de seconde, et...

— Ah çà, compère, que diable marmottez-vous donc, depuis un quart d'heure?

— Pardon, mon cher Comard; mais j'ai quelques affaires pressées à terminer, et il m'est impossible, malgré tout le plaisir que j'ai à vous entendre....

—Comment donc, compère, c'est trop juste ça!.... les affaires avant tout, c'est ma devise, à moi; ce qui fait que, si vous voulez bien le permettre, et attendu que le four chauffe....

Comard n'avait pas achevé sa phrase, et déjà Charles était hors de l'hôtel; il marche au hasard, roulant dans sa tête des projets qu'il trouvait très-sages. — Mon but, se disait-il, est bien certainement d'empêcher qu'un officier des haras soit.... Donc, c'est la cause de la morale que je défends; ainsi, si je me bats, ce sera par amour pour la morale... Si mon adversaire succombe, qui est-ce qui l'aura tué ?... la morale.... J'espère que cela est clair, positif, et, quelque chose qui arrive, je serai à cheval sur les principes; et si ce monsieur Dublaisot fait quelque jour partie de la grande confrérie, ce ne sera pas ma faute.

Et tandis que le cerveau de notre héros enfantait une foule de syllogismes de la même force, ses pieds continuaient à battre le pavé. Tout à coup le roulement d'une douzaine de tambours le tire de sa rêverie; il lève la tête, et s'aperçoit qu'il vient d'arriver sur la place d'armes; quelques bataillons défilent près de lui. Charles s'arrête; mais à peine a-t-il fait trêve à ses réflexions, qu'il se sent frapper légèrement sur l'épaule.

— C'est vous, capitaine! je ne m'attendais pas à avoir si tôt l'honneur de vous voir; cependant je ne serais pas parti sans vous faire visite; c'est un devoir que plusieurs raisons...

— Silence !... Ecoutez-moi : tous mes efforts ont été vains; votre procès à été fait, et une condamnation terrible pèse sur votre tête...

— Une condamnation !...

— Les travaux forcés à perpétuité, l'exposition... la flétrissure...

— Juste ciel !... est-ce un rêve ?... la mort, la mort mille fois...

— Silence !.... Cela ne pouvait être autrement, attendu votre absence; mais ce jugement ne saurait-être maintenu; courez à Paris, constituez-vous prisonnier, et purgez votre contumace. Mon frère, à peine convalescent, vous servira de tous ses moyens; vous serez acquitté : adieu ! Je vous attends trente-six heures après l'arrêt qui vous aura rendu la liberté. Jusque-là comptez sur mon zèle pour vous servir.

Charles allait répondre, mais déjà l'officier avait disparu. *Les travaux forcés !* ces paroles terribles retentissent encore aux oreilles du jeune Delmar; une sueur froide couvre son visage, ses genoux fléchissent, il s'évanouit. En un instant cinquante personnes font cercle autour de lui; les bonnes femmes du quartier accourent; l'une apporte un verre d'eau, l'autre du vinaigre: la foule augmente; Charles a besoin d'air, et on l'étouffe pour le soulager. A Arras, aussi-bien qu'à Paris, tout rassemblement est composé de trois espèces d'individus, savoir: des curieux, des voleurs et des mouchards; le jeune homme est environné de tout cela, et il ne s'en trouve pas mieux. Passe un homme habillé de noir; il s'avance vers le groupe, et aussitôt les curieux se rangent, les voleurs décampent et les mouchards ôtent leur chapeau... C'est le commissaire... il s'approche de Charles, lui fait respirer des sels, et parvient bientôt à lui rendre l'usage de ses sens.

— Vous êtes étranger, monsieur, à ce qu'il paraît ?

— Oui, monsieur, répond Charles, dont les idées ne sont pas encore très-claires:

— Appuyez-vous sur mon bras ; je demeure à deux pas d'ici ; vous vous remettrez plus facilement chez moi de cette indisposition.

Le jeune homme accepte d'autant plus volontiers cette proposition, qu'il lui tarde de s'éloigner de la foule indiscrète qui l'environne. On arrive chez l'obligeant personnage. Charles, qui, pendant le trajet, a tout à fait recouvré l'usage de ses sens, examine l'appartement dans lequel il vient d'être introduit ; il lui semble l'avoir déjà vu ; il a un souvenir confus des objets qui l'environnent. En ce moment, une voix bien connue se fait entendre ; Delmar n'en peut plus douter, il est près de Céline; cet homme qui vient de le secourir, c'est M. Rudomont, ce commissaire qui, quelques mois auparavant, lui avait fait faire une promenade sur les toits. La jeune fille entre; Charles est embarrassé, il sent tout le danger de sa position. Fort heureusement, le commissaire a dans ce moment trop d'affaires pour s'occuper long-temps de notre héros : c'est ce jour-là même que doit être signé le contrat de mariage, et le bon homme Rudomont, ne se doutant pas qu'il vient d'introduire le loup dans la bergerie, passe dans son cabinet, où l'attend son gendre futur, pour régler quelques articles. Aussitôt Charles oublie et la rencontre qu'il a faite, et l'arrêt terrible qui pèse sur sa tête, et la prison qui l'attend, et tous ses beaux projets de sagesse : l'aspect de la jolie fiancée semble produire sur lui l'effet des eaux du Léthé. — Eh quoi ! charmante Céline, dit-il en remettant dans sa poche le mouchoir qu'il avait jusque-là tenu sur son visage, vous ne reconnaissez pas votre protégé ?...

— Ah dieu !... c'est vous, mo..... monsieur !..

— Oui, ma jolie protectrice, c'est moi, c'est un homme qui n'oubliera jamais qu'il vous dut sa liberté, et qui comptera toujours au nombre des instans les plus délicieux de sa vie ceux qu'il aura passés près de vous... mais pourquoi cette tristesse?... Qu'est devenue la douce gaîté qui ajoutait aux charmes de ce joli visage?... Si jeune, et déjà des chagrins !...

— Hélas !...

— Et quel est le barbare qui ose vous affliger?... Ah! Céline, s'il m'était possible de vous offrir quelques consolations ; si celui qui fut votre protégé était assez heureux pour devenir votre protecteur...

— Que pourriez-vous contre la volonté de mon père ?

— Votre père veut...

— Me marier.

— Je le sais. Ne consultant ni votre cœur ni la raison, il veut, pour un peu d'or, livrer à un satrape dégoûtant le plus bel ouvrage de la nature... Mais cette résolution n'est pas irrévocable... si un homme réunissant aux avantages de la fortune, de la jeunesse, beaucoup d'amour... si... bonne Céline, charmante amie, ne rejetez pas tout espoir; votre père n'a pas un cœur de roche...

Un soupir est la seule réponse de la jeune fille; loin de la consoler, ces paroles l'affligent; elle éprouve un trouble indéfinissable, la voix de Charles fait battre son cœur; elle voudrait que cet entretien ne finît point, et cependant, à mesure que Delmar parle, elle se trouve plus malheureuse; de grosses larmes qu'elle cherche vainement à retenir, s'échappent de ses beaux yeux. Charles est à ses genoux; il couvre de baisers brûlans les jolies mains de sa jeune amie, qui ne songe même pas à interrompre une si douce occupation. Cependant un léger bruit se fait entendre.

— Ah! Céline! s'écrie le jeune homme, que ne puis-je, dès aujourd'hui, travailler à assurer votre bonheur!... Mais, hélas, il faut que je quitte cette ville à l'instant même; une affaire de la plus haute importance m'appelle à Paris: je ne suis pas criminel, et pourtant une condamnation terrible m'a frappé. Je vais demander justice; mais, avant qu'elle me soit rendue, je passerai sous les verroux des jours, des semaines peut-être... Vous frémissez, Céline... rassurez-vous : une affaire d'honneur, un duel, voilà mon crime, et je l'expie cruellement, puisqu'il me force à me séparer de vous.... Mais est-il donc impossible de gagner du temps ?... ne pourriez-vous obtenir de votre père...

Céline semblait recueillir avec avidité toutes les paroles de l'impétueux Delmar ; aux mots *criminel, condamnation*, elle avait pâli, ses larmes avaient cessé de couler, un un poids terrible l'avait oppressée; mais cet état n'avait duré qu'un instant : il ne pouvait être criminel, celui dont les accens et les regards pénétraient son cœur!... Seulement il était malheureux, et l'aimable enfant est si compâtissante!

Le bruit avait cessé, et Charles était resté aux genoux de sa jeune amie; il s'y trouvait si bien! Tout à coup la porte s'ouvre... C'est le commissaire et son gendre futur!... Si Charles n'avait pas su ce qu'était M. Dublaisot, il l'eût certainement deviné en voyant ce grand corps sec, porté sur des jambes grêles, battant la générale dans des bottes à l'écuyère. La colère s'empare de ce grand champion; il s'élance vers le jeune homme, qui n'a pas eu le temps de se relever, mais qui, se retournant, passe lestement entre les jambes du noble comte, et le jette à croix-pile sur un canapé. L'officier des haras se relève furieux, et met la main sur la garde de sa rapière; mais cette vieille vierge est à peine hors du fourreau, que déjà Charles est arrivé à l'hôtel de France, et dix minutes après, il roulait vers Paris.

— Çà, mademoiselle, s'écria le papa Rudomont, qu'est-ce que cela signifie.

— Bien cela, beau-père!.. le drôle!.. jouer au cheval fondu avec un gentilhomme!... Corbleu! si je te retrouve....

— Mon père, répondit Céline en

balbutiant, ce jeune homme... me remerciait...

— Et de quoi vous remerciait-il, mademoiselle?

— C'est cela, beau-père! de quoi vous remerciait-il cet impertinent?.. L'insolent! faire faire le saut de mouton à un officier des haras!... Il s'agit de savoir de quoi il vous remerciait.... Vous lui avez donc accordé quelque chose? Le jour du contrat! c'est un peu fort!.. Répondez, mademoiselle, je veux savoir si vous lui avez accordé quelque chose?

— Monsieur, dit Céline d'un ton sévère, vous n'êtes pas encore mon mari, et déjà vous parlez en maître...

— Pardon, ma charmante; mais vous devez sentir qu'un brave gentilhomme ne peut pas souffrir impunément.... parce que l'honneur...

L'honneur est comme une île... ce qui fait qu'on peut se noyer dans la traversée.... Allons donc, beau-père! quel diable! vous êtes père ou vous ne l'êtes pas, et il s'agit de savoir si je le serai....

Le papa était fort embarrassé; il avait réfléchi, tandis que M. Dublaisot parlait; il sentit qu'un interrogatoire de cette nature pouvait tout gâter : la jeune fille ne paraissait pas disposée à garder de ménagement; peut-être allait-elle profiter de cette occasion pour amener une rupture, et M. Rudomont n'était pas d'humeur à renoncer à l'honneur de voir sa fille comtesse. Fort heureusement Céline leva toute difficulté en se retirant, et tandis que M. le comte jurait de pourfendre l'insolent, et que le beau-père lui promettait de le faire mettre en cage incessamment, la pauvrette soupirait en répétant ces paroles de son jeune ami : *Des jours, des semaines, peut-être !...,*

CHAPITRE IV.

Prison. — Elle est partie. — L'ange consolateur.

C'en est fait ! Charles est sous les verroux !... Un appartement de six pieds carrés, meublé d'un grabat et d'une chaise, voilà son domicile ; des voleurs, des faussaires, des empoisonneurs, voilà ses voisins ; des guichetiers et des dogues, voilà ses hôtes !... Vingt-quatre heures ne se sont pas encore écoulées depuis qu'il habite cet agréable séjour, et déjà l'ennui l'accable. Il demande à son imagination de riantes images; il pense à madame Georges, cette femme extraordinaire, qui, la première, lui fit connaître le véritable amour : il l'aime toujours, et pourtant à l'image de la belle marraine succède promptement celle de la tendre Céline, de cette rose que le contact impur d'un hobereau septuagénaire menace de flétrir. Puis tout à coup le bruit monotone de lourdes portes qui roulent sur leurs gonds, la voix lugubre des gardiens, et les imprécations de quelques misérables viennent interrompre ces pensers amoureux, et Charles retombe dans la tristesse et l'abattement.

Cependant Laurent, après s'être

dégagé, non sans beaucoup de peine, des mains de M. le bourgmestre et de celles de ses épais administrés, avait reconduit le cheval et le cabriolet chez leur propriétaire. L'aventure qui avait engagé notre héros à prendre la fuite, faisait beaucoup de bruit; on ne parlait que de l'oreille de l'ambassadeur; cela servit de pâture pendant trois jours aux rédacteurs de la gazette officielle, et *la Sentinelle* en fit un long article intitulé : *De l'inconvénient des longues oreilles en matière diplomatique*. L'artiste en faveur avait prouvé qu'il n'était pour rien dans cette fâcheuse affaire ; sa réputation en souffrit peu, et ses perruques n'en eurent pas moins de vogue.

Plusieurs jours s'écoulèrent; Laurent, ne recevant aucune nouvelle de son maître, et espérant le trouver chez M. Georges, se décida à partir. Il arrive.... Tout respire la tristesse dans cette maison naguère si animée : un accès de goutte des plus violens force M. Georges à garder le lit; sa jeune épouse ne quitte pas la chambre du malade; elle prodigue au bon fabricant les soins les plus tendres : les roses de son teint ont disparu; des larmes mouillent souvent ses paupières, et elle n'ose s'avouer que le danger que court son mari n'est pas la seule cause qui les provoque. Plus elle fait d'efforts pour comprimer des sentimens coupables aux yeux des hommes, et plus ces sentimens acquièrent de force. Charles n'est plus là; depuis plusieurs mois il n'a point donné de ses nouvelles; peut-être même a-t-il oublié sa sensible marraine. Elle se dit qu'il est ingrat, parjure, et pourtant son nom seul fait battre délicieusement le cœur de la jeune femme, elle se repaît de souvenirs; énumère toutes les preuves d'amour qu'elle a reçues de lui : les jours, les nuits se passent ainsi; le sommeil même n'interrompt pas ces tendres pensées, et des songes délicieux adoucissent quelquefois les chagrins de madame Georges. L'arrivée de Laurent était peu propre à améliorer cette situation morale : il raconte que son maître, après de nouvelles folies, est rentré en France, et que, depuis son départ de Bruxelles, on ignore ce qu'il est devenu.

— Je croyais le trouver ici, ajoute le vieux serviteur; car il n'avait rien de mieux à faire que d'y venir passer quelques jours, afin de savoir, avant de retourner à Paris, où en étaient ses affaires. Vous verrez qu'il aura commencé par où il fallait finir.... Je ne serais pas surpris de ne le retrouver qu'en prison....

— Quoi! mon ami, dit madame Georges avec inquiétude, vous pensez qu'il n'a pu éviter ce malheur?...

— Malheur, peut-être, madame... j'ai remarqué que, depuis quelque temps, mon maître n'a jamais fait de plus grandes folies que lorsque je le croyais devenu plus sage; il n'est pas impossible que le contraire arrive aujourd'hui.

Madame Georges sentit parfaitement l'allusion; ces paroles brisèrent son cœur, et elle se hâta de congédier l'indiscret Mentor. Laurent traversait l'antichambre, lorsque Julie s'approcha de lui. — Monsieur, apportez-vous des nouvelles de mademoiselle?

— De quelle demoiselle?

— Mais de mademoiselle Prudence, de cette demoiselle qui...

Julie se trouble, rougit, balbutie.—Allons, se dit Laurent, il paraît que c'est une épidémie... Si ce garçon-là rencontrait les onze mille vierges, il serait capable... et puis allez convertir cela avec des phrases!...

Laurent pourtant ne savait pas tout. Laissons-le tranquillement cheminer vers la capitale, et voyons ce que devient la fille du commissaire, l'intéressante Céline, qu'un barbare menace de faire comtesse.

Le papa Rudomont avait mis toutes les escouades d'observateurs sur pied, afin de découvrir l'insolent qui avait fait faire le saut périlleux à son gendre futur, et dont la situation près de la jeune fiancée semblait menacer le front du noble comte. Mais les troupes grises en furent pour leurs frais; elles ne purent trouver le jeune homme à Arras, par la raison toute simple qu'il n'y était plus. Céline refusait obstinément les explications qu'on lui demandait, et elle avait aussi d'excellentes raisons pour en agir ainsi. L'officier des haras rongeait son frein, et jurait par ses éperons que cela ne se passerait pas ainsi. Mais le commissaire fit tant qu'il parvint à le calmer : il insista sur ce point, que le refus que faisait la jeune fille de se justifier, était une preuve irrécusable de son innocence. — N'oubliez pas non plus, mon cher gendre, que vous êtes l'unique rejeton de l'illustre race des Dublaisot, et qu'il importe à la France, et particulièrement aux chevaux, qu'un officier des haras d'un si grand mérite ne meure pas sans postérité, malheur qui peut arriver spontanément.

— A la bonne heure, beau-père, à la bonne heure, cela est parfaitement juste ; je conviens encore que la petite est charmante, et capable de faire la plus jolie petite comtesse..... Mais beau-père.... regardez-moi... là.... entre les deux

yeux.... croyez-vous que ce noble front ressemble à celui d'un vilain?
.... et qu'il s'y trouve la place....

— Visions cornues, M. le comte!

— Au moins si elle nous disait....

— C'est votre faute aussi.... où diable allez-vous vous aviser de dire: *Je veux!* Ne sentez-vous pas que rien n'est plus bourgeois?

— Vous croyez?

— Sans doute; et ma fille a reçu une trop bonne éducation pour souffrir ces propos-là;

— En vérité?

— C'est au point qu'elle demandait hier si vous n'étiez point de la nouvelle noblesse.

— Qu'est-ce à dire! nouvelle!...

corbleu! beau-père, apprenez, si vous ne le savez déjà, que le grand oncle de mon trisaïeul était le neveu du filleul du valet de chambre de François Ier, si justement surnommé le père des lettres, attendu qu'il institua la censure et fit une ordonnance portant peine de *hart* contre les écrivains mal pensans.... Je vous demande si c'est de la nouvelle noblesse!

— C'est précisément ce que je lui ai répondu.

— Vous lui avez répondu cela?

— Sans hésiter: est-ce que je ne sais pas sur le bout du doigt la généalogie des Dublaisot?....

—En vérité !... Touchez-là, beau-père, vous êtes un homme précieux !

—Et elle a été si enchantée de toutes les belles choses qu'ont faites vos illustres aïeux, qu'elle m'a sauté au cou; et ma foi je crois qu'elle vous aurait embrassé si vous aviez été là.

—Cette chère pouponne !... Beau-père, elle sera comtesse, ou que le diable m'emporte... foi de gentilhomme, elle sera comtesse !... Et cela, pas plus tard que demain, entendez-vous, papa Rudomont..... Les bans sont publiés, tout est prêt: ainsi demain la cérémonie, et après demain... après demain, beau-père... je suis un gaillard tel que vous me voyez !..

Le commissaire, enchanté de la résolution subite de M. Dublaisot, ordonna à Céline de se tenir prête pour le lendemain. En vain la pauvre petite pleura, gémit, pria, supplia, le papa fut inexorable. La pauvre Céline passa le reste de la journée dans les larmes.

— Ah! se disait-elle, *s'il* savait!..., mais peut-être ne pense-t-il plus à moi !... il m'a dit : *des jours, des semaines, peut-être :* j'ai compté les jours, il y en a vingt... m'aurait-il trompée?...Oh non ! c'est impossible, car il m'aime, et je l'avais deviné avant qu'il ne me l'eût dit... Les méchans ! pourquoi le retiennent-ils ?... est-ce qu'il ne suffit pas de le voir pour être sûr qu'il n'est pas criminel... Mais quand il serait ici, que pourrait-il opposer à la volonté de mon père?..... Oh! mon dieu! c'en est donc fait!.... encore quelques heures et le sacrifice sera consommé!... et j'aurai pour toujours renoncé au bonheur!... Mais si je résistais, si par un seul mot, par un *non* bien formel, j'osais m'affranchir... Et comment, après cela, supporter les regards et les reproches de mon père?... comment affronter sa colère et le blâme général? Le monde ne juge-t-il pas d'après les apparences?... Ah! *s'il* était ici, il me consolerait au moins, s'il ne pouvait détourner le coup qui menace de me frapper!...

Et la pauvre petite continuait à pleurer. La nuit était déjà fort avancée, tout dormait dans la maison; Céline seule se refuse aux douceurs du sommeil. Peu à peu son teint s'anime, son cœur bat avec force; plus le moment redouté approche, moins elle se sent de faiblesse : elle roule dans sa tête des projets de fuite... Encore une heure, et le jour va paraître, et la nuit qui succédera à ce jour.... Céline ne peut supporter l'idée d'être bientôt livrée aux caresses dégoûtantes d'un vieillard qu'elle abhorre ; elle n'hésite plus. En un instant, l'argent de ses économies, quelques bijoux et quelques hardes sont réunis, et forment un léger bagage; la porte de sa chambre est ouverte, Céline a déjà fait quelques pas dans celle de son père: mais là ses genoux fléchissent, le modeste paquet échappe à ses mains; l'idée de se séparer de son père, de le quitter peut-être pour toujours, cette idée l'accable... Elle se traîne vers le lit où repose le vieillard: O mon père! dit-elle à voix basse, pardonne à ta malheureuse fille !... Dieu m'est témoin que je donnerais ma vie plutôt que de consentir à t'affliger... mais tu me demandes dix fois plus que la vie !... O mon

père ! je devais être la consolation de tes vieux jours, pourquoi faut-il que j'en sois le fléau !......
Tu dors, ô mon père ; peut-être quelque songe présente-t-il à ton esprit ta fille soumise......
Oh ! combien ton réveil sera terrible !......

Et Céline mouillait de larmes amères la main du vieillard. Déjà le jour commence à poindre, et la jeune fille est encore au chevet du lit ; il lui semble qu'une force irrésistible l'attache à ce lieu. Mais en ce moment la figure repoussante du comte se présente à son imagination ; sa résolution ébranlée se raffermit ; le modeste viatique est de nouveau placé sous son bras... elle est partie !...

Céline n'a pas encore décidé où elle ira, et cependant, après un quart d'heure de marche, elle se trouve hors de la ville, sur le chemin de Paris. Bientôt l'idée de la faute qu'elle commet l'agite violemment ; elle n'a pas perdu de vue les remparts, et déjà sa résolution est ébranlée de nouveau. Elle s'arrête, hésite ; peut-être va-t-elle revenir sur ses pas... Le bruit d'une voiture se fait entendre, c'en est fait ! l'amour filial est vaincu ; dans vingt-quatre heures, Céline sera à Paris.

Le premier pas est fait ; la jeune

fille est toujours dans une grande agitation ; mais plus elle s'éloigne, plus cette agitation diminue. On arrive; la jolie fugitive se loge dans un modeste hôtel; l'avenir d'ailleurs l'inquiète peu : la petite somme qu'elle possède peut suffire à ses besoins pendant plusieurs mois; et puis elle travaillera; tous les ouvrages à l'aiguille lui sont familiers, et Paris est si grand, qu'il doit y avoir de l'occupation pour tout le monde. Céline est donc parfaitement tranquille de ce côté ; un autre point l'embarrasse davantage: comment parviendra-t-elle à découvrir le jeune Delmar? car c'est sur lui qu'elle compte pour l'aider à réparer ses torts : ne lui a-t-il pas fait entendre que lorsqu'il serait libre il trouverait les moyens d'empêcher qu'elle devînt l'épouse du comte?... mais peut-être est-il encore en prison... Il est facile de le savoir.

— J'irai demain, se dit l'aimable enfant; et le lendemain elle prend un fiacre pour aller à la découverte du tendre ami.

— Où allons-nous, not' bourgeoise?

— A la prison.

— Tiens! c'te farce!... y en a dix des prisons.

— Dix, bon Dieu!

— Quand j'dis dix, y en a p't-être vingt, trente.... ça n'empêche pas qu'j'ai vu un temps ousqu'y en avait pas assez... Holà! Bellotte!... mais il est loin c'temps-là!... ainsi choisissez...

— Eh bien, conduisez-moi à la plus voisine.

— C'est la Force... En avant, Brisquet.

Céline arrive à la Force; son petit cœur bat bien fort, en frappant à la porte de ce lugubre hôtel.

— Que demandez-vous? dit d'une voix enrouée un homme dont le regard farouche fait trembler la pauvre enfant.

— Je... Je voudrais savoir si M. Charles Delmar est détenu ici?

— Charles Delmar ? qu'est-ce que c'est que ça ?... Qu'est-ce qu'il a mangé cet oiseau-là ?... attendez donc... Eh ! Larose, on demande Charles Delmar.

— Delmar !... c'est c'pied poudreux qu'est au n° 15, une nouvelle pratique.

La pauvre Céline tremble si fort, qu'elle peut à peine parler ; elle cherche un appui près du mur, et ce n'est qu'après quelques instans qu'elle parvient à demander si elle peut voir ce prisonnier.

— Avez-vous une permission ?

— Permission de qui ?...

— Tiens ! de qui ? Pardie d'la

préfecture... est-elle bonne là, l'innocente !

Céline n'en entend pas davantage; elle sort, remonte en voiture, et un quart d'heure après elle se met sur les rangs, au bureau des prisons, où des filles publiques, des filous, des porte-faix attendent leur tour. La pauvre enfant est bien triste; elle fait de grands efforts pour retenir ses larmes; il lui semble qu'elle commence à subir la peine de sa faute; mais enfin elle va voir le bien-aimé, et cela la console un peu.

Son tour arrive; un commis brutal lui demande son nom, son âge, et prend exactement son signalement. — Etes-vous parente de ce détenu?

Un *non, monsieur*, se présente sur les lèvres de la jeune fugitive; mais une réflexion subite lui fait hasarder un léger mensonge: elle repond oui, de peur d'éveiller des soupçons qu'elle redoute. Enfin toutes les formalités sont remplies; Céline possède la bienheureuse permission... Chaque seconde lui semble un siècle, et pourtant le trajet n'est pas long.

Il serait difficile de peindre la surprise, la joie, les transports de Charles, lorsqu'il revit sa jeune amie: il n'en pouvait croire ses yeux.
— Céline! Céline! s'écrie-t-il, est-ce

bien vous que je revois?.. Laissez-moi m'assurer que ce n'est point un songe...

Et il pressait la jeune fille sur son cœur; il couvrait de baisers ce charmant visage d'où la tristesse avait tout à coup disparu, et sur lequel se peignait le plaisir et le bonheur.

—Ange consolateur!... désormais la captivité me sera douce, et je bénis mes fers puisque je leur dois cette preuve d'a...

—Ah! Charles! je suis bien coupable! mais il m'ont forcée à le devenir... j'ai fui la maison paternelle pour venir réclamer votre appui.

—Eh quoi! le barbare!...

—Charles!... c'est mon père...

—Et c'est à ce titre qu'il vous sacrifiait, qu'il voulait empoisonner votre vie!... Chère Céline, comptez sur moi, comptez sur votre ami... Bientôt, sans doute, je serai libre, alors tous vos chagrins finiront; votre père ne peut toujours rester sourd à la voix de la raison... S'il lui faut de l'or, j'en ai... Douce amie! ma vie, ma fortune sont à vous... O ma Céline! dès à présent tu es à moi! Qui oserait contester mes droits?... ne m'as-tu pas choisi pour ton protecteur?... nos cœurs ne s'entendent-ils pas?... Dis, ma Céline, dis que ton cœur est à moi...

L'imagination du prisonnier se

montait, comme on voit, et cela n'avait rien de surprenant, car la retraite forcée qu'il subissait était peu propre à amortir le feu des passions; et puis la jeune Céline l'écoute avec tant de plaisir, elle est si heureuse d'entendre celui que son cœur a choisi, lui jurer un amour éternel!... La pauvre enfant ne sait pas encore que la vie d'un homme se compose ordinairement de plusieurs douzaines d'éternités de ce genre; et quand elle le saurait, pourrait-elle se résoudre à croire que celui qu'elle aime ressemble aux autres hommes?... l'objet aimé n'est-il pas toujours un être à part, une espèce de divinité, dont les paroles sont des oracles ?... Céline, au reste, hâtons-nous de le dire, avait raison de compter sur les promesses de Charles. A la vérité, notre captif n'a pas tout-à-fait oublié sa belle marraine, mais ce n'était jamais près de Céline qu'il pensait à madame Georges; plusieurs mois d'absence, la presque certitude de n'obtenir jamais qu'un retour stérile, tout cela tendait à métamorphoser l'amour ardent qu'il avait d'abord ressenti en un sentiment, qui pouvait avoir quelque chose de plus vif que l'amitié; mais qui peut-être n'était plus de l'amour.

Charles se trouvait le plus heureux des hommes; sa cellule était devenue un palais, et Céline, la tendre Céline partageait l'ivresse de celui qu'elle appelait son protecteur... Pauvre petite!... Le tintement d'une cloche annonça que l'heure des visites était écoulée, et aux douces caresses succédèrent quelques larmes: nos amans parurent aussi affligés que s'ils ne devaient plus se revoir: c'est avec des baisers, des sermens qu'ils essaient de se consoler; et comme ils ont une soif insatiable de consolations, ils ne les ménagent pas. Pourtant il faut se quitter; déjà la voix d'un gardien brutal s'est fait entendre, il chasse sans pitié les visiteurs retardataires. Charles reconduit Céline jusqu'au bout du sombre corridor; là, on n'ose s'embrasser, mais on se serre la main, et l'on se dit : *A demain.*

Chaque jour, la captivité de Charles est adoucie par les mêmes consolations; dès le matin, et long-temps avant que les portes de la prison soient ouvertes aux visiteurs, la jeune fille a les yeux fixés sur ces noires murailles et ces barreaux serrés qui lui dérobent la vue du bien-aimé, et chaque jour aussi au plaisir d'être ensemble succède le chagrin de se séparer.

Tandis que cela se passe, Laurent arrive à Paris; il ignore encore où est son maître; mais il a un moyen très-simple pour le trouver: il est bien sûr que, en quelque lieu que soit Delmar, son banquier reçoit souvent de ses nouvelles: c'est donc à ce personnage qu'il s'adresse, et il apprend, sans beaucoup de surprise, que le jeune homme a pris le parti de se faire mettre en prison. — Je m'en doutais, dit le vieux serviteur, et, tout bien considéré, c'était peut-être ce qu'il avait de mieux à faire : cela équivaudra à un petit cours de sagesse pratique dont il a le plus grand besoin, et peut-être quelques mois à la Force feront-ils plus d'effet que tous les conseils que je lui ai donnés et qu'il a suivis tout de travers.

En raisonnant ainsi, Laurent se met en mesure d'aller le plus promptement possible voir son maître, et dès le lendemain de son arrivée il pénètre dans ces vastes tombeaux où l'humanité dégradée s'offre sous le plus hideux aspect. Déjà le vieux serviteur a franchi le triple guichet; sa vue affaiblie s'accoutume peu à peu à l'obscurité de ces lieux; il distingue le n° 15; la porte de cette cellule est entr'ouverte : Laurent est trop impatient de revoir le jeune homme pour prendre quelque précaution; il entre précipitamment... quel tableau! Charles et une jeune fille occupent l'unique siége de ce petit réduit; le bras du jeune homme est arrondi sur la taille de la jolie consolatrice qui, la tête penchée sur l'épaule de son ami, écoute ses douces paroles...

— Eh quoi ! s'écrie le vieux serviteur, ici même, sous les verroux, au fond d'un cachot !.. c'est aussi par trop fort !... voilà donc tout le profit que vous retirez de l'adversité !... Cela finira mal, monsieur ! je vous prédis que cela finira très-mal ! Séduire des femmes, de jeunes filles jusque dans la prison où vous ont conduit vos folies... au moment même où vous êtes menacé du plus affreux malheur !... je dois vous le dire, monsieur, cela n'est pas bien ;

cela n'est pas digne du fils de mon vieux maître...

Charles écoute assez tranquillement les premiers mots de cette mercuriale; mais dès la seconde phrase, il voit des larmes s'échapper des beaux yeux de Céline.

— Laurent! Laurent! s'écrie-t-il, je t'ordonne de te taire!...

— Non, monsieur, non, je ne me tairai point.... J'aurai le courage de vous désobéir pour vous rendre à vous même, à la société, dans laquelle vous êtes appelé à prendre un rang honorable..., pour vous dire qu'un honnête homme doit préférer l'estime publique aux caresses de quelques...

— Laurent! Laurent! s'écrie de nouveau Charles hors de lui, n'achève pas ou je te chasse.

A ces mots, le vieux serviteur tressaille ; la parole expire sur ses lèvres, ses yeux se mouillent ; il fait quelques pas vers la porte. Charles a l'âme trop élevée pour ne pas reconnaître promptement ses torts : il s'avance vers Laurent, l'arrête et le force à rester.

— Monsieur! monsieur ! j'ai vu naître votre père, et mes cheveux ont blanchi sans que jamais il m'ait traité comme vous le faites... Vous ne me chasserez pas, monsieur ; je partirai pour vous éviter cette action; j'irai finir ailleurs le peu de jours que je dois voir encore, et que j'avais promis de vous consacrer... vous n'entendrez plus des reproches qui vous offensent, et que mon âge, mes services, l'estime et la confiance dont votre père m'honorait, semblaient me donner le droit de vous adresser.

Delmar est vivement ému ; il serre affectueusement les mains du vieillard.

— Laurent, mon vieil ami, pardonne-moi... Mais aussi tu es d'un rigorisme... vois les larmes de ma Céline, de cet ange consolateur... c'est toi qui les fais couler ; eh bien, elle te pardonne, ma Céline : auras-tu moins d'indulgence pour ton élève? pour ton ami?...

Il n'en fallait pas tant pour ramener le bon homme. — Ah! dit-il, c'est maintenant que je reconnais le fils de mon vieux maître! c'est bien là son cœur! mais sa tête....

Bientôt ce léger nuage est dissipé. Laurent ne sait pas encore ce qu'est cette Céline, qui visite dans la prison un étourdi de vingt ans; mais quand il le saurait, après ce qui vient de se passer, il n'aurait pas le courage de l'affliger de nouveau. Le joli visage de la jeune fille n'a pas encore repris toute sa sérénité; mais elle approuve la conduite de Charles, heureuse qu'une si belle âme soit le partage de celui qu'elle aime ; et lorsque l'heure du départ se fait entendre, c'est avec plus de peine que l'on se sépare ; les adieux sont plus tendres encore, et Laurent est forcé de remettre au lendemain tout ce qu'il s'était proposé de dire à son maître.

CHAPITRE V.

Se mariera-t-il ? — Le jugement. — Ça n'est pas clair.

Dès le matin, les tambours de la garde nationale d'Arras étaient sous les croisées de monsieur le commissaire, et faisaient un carillon de tous les diables, en l'honneur des futurs conjoints. Le papa Rudomont réveillé en sursaut met la tête à la fenêtre : — Mes amis, dit-il, je vous remercie ; mais il n'est pas encore six heures : faites-moi l'amitié de me laisser dormir ; allez faire mes complimens à mon gendre et faites-vous payer la course. Ce n'était pas une commission que demandaient les bruyans musiciens; mais force leur fut de s'en contenter, car monsieur le commissaire était, comme on peut se le rappeler, passablement entêté, et il aimait un tant soit peu l'argent. M. Dublaisot ne l'aimait pas moins; mais, enchanté de l'honneur qu'on lui faisait en lui brisant le timpan, il donna le pour-boire et songea à sa toilette : deux heures après, il était chez le commissaire.

— Ah çà, beau-père, qu'avez-vous donc, aujourd'hui ?... Vous paraissez encore plus triste que votre habit...

— Monsieur le comte, il nous est arrivé cette nuit un grand malheur!

— Bah!

— C'est comme j'ai l'honneur de vous le dire : tandis que nous dormions bien tranquillement...

— Tenez, beau-père, vous me conterez ça plus tard, parce que, voyez-vous, commencer un jour de noces par parler de malheurs, c'est de mauvais augure, surtout quand on a fait un mauvais rêve...

— Il faut pourtant que je vous dise le fait.

— Non pas, non pas, s'il vous

plaît; gardez-le pour une autre occasion.

— Mais, monsieur le comte, j'ai l'honneur de vous...

— Est-il entêté le beau-père !... Faut-il vous dire que j'ai rêvé corne... vous sentez donc bien...

— Eh ! il s'agit bien de rêves, corbleu ! s'écria M. Rudomont impatienté,.. apprenez que cette nuit ma fille a disparu.

— Hein ?... qu'est-ce que vous dites donc là?

— Je vous dis que pendant la nuit on a enlevé Céline.

— Comment ! ma future?

— Elle-même, monsieur le comte,

et vous me voyez dans une désolation...

— Par la sambleu ! je voudrais bien connaître le coquin qui se permet... Mais beau-père, et la cérémonie ?...

— Vous sentez bien qu'elle ne peut pas avoir lieu aujourd'hui.

— Pas de plaisanterie, s'il vous plaît : les invitations sont faites, le dîner est commandé...

— Que voulez-vous que je fasse à cela. Il faut avertir les invités, donner contre-ordre à Comard, prétexter une indisposition... Que sais-je !... la tête me tourne...

— Voyez-vous, les misérables ! faire tourner la tête à un commissaire; enlever la future du meilleur gentilhomme de l'Artois... Quand je vous disais que j'ai fait un mauvais rêve!... Mais cela ne se passera pas ainsi; nous la retrouverons, papa Rudomont, nous la retrouverons, c'est moi qui vous le dis... En attendant, je vais donner contre-ordre.

Tandis que M. Dublaisot s'agite en tous sens, et raconte partout l'enlèvement de sa future, afin de se donner l'air intéressant, le commissaire fait toutes les recherches imaginables; les troupes grises sont encore mises sur pied : visites dans les hôtels, informations, tout est mis en œuvre, et la journée finit sans que l'on soit plus avancé. Enfin, le lendemain, on apprend qu'une jeune fille a été rencontrée à une portée de fusil de la ville, sur la route de Paris; elle portait un petit paquet, et tout fait présumer qu'elle est montée dans la diligence qui est sortie d'Arras peu de temps après elle.

L'officier des haras était sur les dents, tant il s'était donné de mouvement; cependant, lorsque M. Rudomont lui apprit que l'on avait découvert les traces de Céline, il n'hésita pas à dire qu'il fallait se rendre à Paris sur-le-champ.

— Je la retrouverai, beau père, je la ramènerai, et je l'épouserai sans désemparer; après quoi, nous ferons pendre le scélérat qui... oui, mais s'il avait... dites donc, beau-père, croyez-vous qu'il ait... C'est qu'alors vous sentez bien.

— Qu'est-ce à dire, monsieur le comte? Croyez-vous que la fille d'un fonctionnaire public...

— Sans doute, sans doute; la fille d'un fonctionnaire public... c'est bien différent... pourtant on a vu de ces choses-là... oui, beau-père; vous avez beau froncer le sourcil, je soutiens qu'on a vu des filles de fonctionnaires... et même des filles de gentilshommes qui... entraînées par les circonstances... vous sentez, beau-père, les circonstances!.. c'est une fière chose que les circonstances!... Je ne prétends pas dire pourtant qu'il soit certain que la charmante Céline n'ait pas su résister aux circonstances; mais il n'en est pas moins vrai que nous n'avons pas de temps à perdre.

Le commissaire goûta d'autant plus volontiers cet avis, que son gendre en expectative paraissait disposé à faire les frais du voyage. On prend la poste, on arrive, on court à la police, on cherche partout, et l'on n'est pas plus avancé. Les femmes pensent à tout ; Céline avait eu le soin de se faire inscrire sous un nom supposé ; elle sortait peu, ne voyait que Charles, et les observateurs chargés de la découvrir n'avaient garde de l'aller chercher à la Force. Le papa Rudomont se désolait; l'officier des haras jurait qu'il tuerait le ravisseur; et, en attendant qu'il l'eût trouvé, il visitait la girafe et le marché aux chevaux, choses fort intéressantes, mais qui finirent pourtant par l'ennuyer.

— Décidément, beau-père, dit-il un jour, je commence à perdre patience et à désespérer.

— Et moi aussi, monsieur le comte.

— On dépense beaucoup d'argent à Paris.

— Je ne dis pas le contraire.

— Pour moi, je suis résolu à partir demain.

— En ce cas, je vais faire mes visites d'adieu.

Ce n'était pas sans peine que le père de Céline se disposait à retourner vers ses pénates ; mais la question d'argent le décidait. Il sort donc pour faire les visites dont il vient de parler : elles sont peu nombreuses, et cela devait être bientôt terminé ; mais il arriva que l'une des personnes qu'il tenait le plus à voir ne se trouva pas chez elle. C'était un ancien ami de collège qui, alors, était l'un des substituts du procureur du roi. Quelques instans avant l'arrivée du visiteur, il était sorti pour se rendre au palais où ses fonctions l'appelaient.

— Eh bien, j'irai le voir à l'audience, dit le commissaire ; cela me distraira et j'ai grand besoin de distraction!... L'ingrate! refuser de devenir comtesse... Fuir la maison de son père au moment même... Je ne m'en consolerai jamais.

Et tout en se désolant, le papa Rudomont arrive à la cour d'Assises: Il a peine à pénétrer dans la salle que remplit une foule de curieux; mais après quelques difficultés, le nom de son ami lui sert de passeport, et un huissier le fait placer sur l'un des bancs réservés. Les débats de l'affaire dont s'occupe la cour sont terminés ; la délibération ne dure qu'un instant; un jeune homme est amené sur le banc des accusés, et le président prononce son acquittement. Un murmure d'approbation se fait entendre dans toutes les parties de la salle; puis tout à coup un groupe nombreux se rassemble à quelques pas de notre voyageur : il s'informe de ce que c'est. Cette pauvre petite, dit une vieille femme, c'est peut-être son frère.

— Ou son mari, dit une seconde.

— Bah! laissez donc, reprend une troisième, ça ne lui ferait pas tant d'effet; c'est plutôt son amant... dame! c'est bien naturel...

Cependant M. Rudomont s'est approché du groupe; plusieurs personnes s'empressent de prodiguer des secours à la jeune femme qui a perdu connaissance. Curieux par état, le commissaire monte sur le banc, allonge la tête... O surprise! cette jeune personne qui commence à reprendre ses sens, c'est sa fille, c'est Céline!... La pauvre enfant venait d'assister au jugement de Charles; elle avait entendu prononcer sa mise en liberté, l'excès de la joie l'avait suffoquée. Peu s'en fallut qu'elle ne s'évanouît de nouveau en voyant son père auprès d'elle; mais cette fois ce n'eût pas été la joie qui eût produit cet effet.

Si M. Rudomont est curieux, il n'est pas imprudent; malgré l'émotion que lui cause cette scène, il se contient, présente son bras à Céline, la dégage de la foule, et ils ne tardent pas à arriver tous deux à l'hôtel, où le beau-père et le gendre futur habitaient.

— Ma foi, papa Rudomont, dit l'officier en apprenant que la future était retrouvée, je vous avoue que cela ne me paraît pas très-clair.

— Je vous expliquerai l'affaire.

— Sans doute, l'affaire a besoin d'être expliquée; mais il me paraît positif que la charmante se trouvait bien où elle était.

— Au contraire, monsieur le comte; et la preuve, c'est qu'elle est malade en ce moment : elle s'est mise au lit en arrivant ici, et je ne sais si nous pourrons, à cause de cela, partir demain....

Au surplus, monsieur le comte, si vous le désirez, je vous rends votre parole.

— Laissez donc, beau-père !.... Il ne faut pas prendre la mouche pour cela ; quand je dis *ça n'est pas clair*, je veux dire que je ne comprends pas parfaitement; et en effet il n'est pas aisé de comprendre pourquoi.... Mais, comme vous le disiez, la fille d'un foctionnaire public..... c'est une fameuse garantie celle-là!.. Et tenez, maintenant je ne crains qu'une chose, c'est que cette maladie-là ne vienne encore retarder la cérémonie.... mais corbleu! je ferai bonne garde; et si vous m'en croyez, beau-père, vous ferez placer un piquet de cavalerie sous vos croisées.... Maintenant il ne s'agit plus que de faire pendre l'insolent qui a eu l'audace de vouloir mettre des entraves à la postérité des Dublaisot...

— C'est à quoi l'on pensera quand on le connaîtra ; pour le moment, contentons-nous d'avoir déjoué ses projets.

— A la bonne heure ; mais vous sentez bien, beau-père, que quand il s'agit de perpétuer une race antique, on n'est pas bien aise de voir un vilain mettre des bâtons dans les roues.... et pourtant, c'est ce qui peut arriver tant que l'individu n'aura pas reçu la correction convenable ; car qui sait si le pendard ne nous tient pas quelque tour en réserve... Au reste, c'est votre affaire, papa Rudomont, parce que, comme vous le dites fort bien, un fonctionnaire public.... et surtout un commissaire doit se connaître en gibier de potence.

Revenons maintenant au Palais, où le papa a fait une rencontre qui n'est pas heureuse pour tout le monde. Charles avait vu Céline dans l'auditoire ; il se croyait sûr de la rencontrer dès que ses fers seraient brisés. Un huissier le reconduit à la Conciergerie ; l'écrou est levé, Charles est libre ; il s'élance dans la cour, où il espère retrouver sa jeune amie.... Laurent, le fidèle Laurent l'attend seul. Delmar regarde autour de lui, à peine entend-il les exclamations de joie de son vieux serviteur.

— Laurent, mon ami, où est-elle donc?

— Qui cela, monsieur?

— Céline, ma chère Céline; je te demande où elle est.... Je l'ai vue; elle était à l'audience; j'en suis sûr... Puis-je me tromper quand il s'agit de Céline?... Cherchons, Laurent; il faut la trouver, que je la voie.... que....

En parlant ainsi, il court dans les galeries du Palais, visite toutes les chambres, demande dans toutes les boutiques si l'on a vu passer une jeune personne qu'il désigne; tout cela est l'affaire d'un instant; le vieux Laurent peut à peine le suivre.

— Une voiture, mon vieil ami; cours chercher une voiture.... Oh! mon Dieu!.. qu'est-ce que la liberté, si je perds Céline!... Cours donc, te dis-je...

Dans son délire, Charles oublie que des jambes de soixante ans sont peu propres à la course; il murmure, il peste contre la lenteur du bon homme. Enfin la voiture arrive.

— Dix francs pour la course, si tes chevaux prennent le galop.

Le galop! c'est difficile; il y a dix ans que les pauvres haridelles en ont perdu l'habitude ; mais dix francs!... Le cocher les ferait plutôt monter sur les tours de Notre-Dame. Il frape, jure, crie, enrage; mais enfin les coursiers galoppent, et l'on arrive à l'hôtel où logeait Céline.

— Monsieur, répond le maître, aux questions de notre héros, cette cette jeune dame est sortie ce matin, et elle est revenue il y a une heure avec un monsieur qu'elle appelait son père; ils m'ont payé et sont partis; la jeune dame a emporté ses effets, et je ne crois pas qu'elle revienne.

— Son père! s'écria Charles, son père!.... Que va-t-elle faire?...... Vont-ils la forcer à devenir la femme d'un homme qu'elle déteste?.. O mon Dieu, reprenez ma liberté, et rendez-moi Céline ! Laurent, mon cher Laurent, il me faut aujourd'hui, dans une heure... à l'instant même une chaise de poste.... Mais non, cela serait trop long ; je vais moi-même à la poste, je pars à franc étrier, j'arriverai aussitôt qu'eux.... à Arras, entends-tu, Laurent ; tu me rejoindras à Arras....

Laurent va répondre ; il prépare de belles phrases sur les dangers de l'enthousiasme, de l'exaltation : mais il n'a pas encore prononcé un mot, et Charles est déjà bien loin ; le soir même il arrive à Amiens, et le lendemain, au point du jour, il met pied à terre à la porte de Comard.

—Parbleu ! compère, s'écria le

pâtissier, vous arrivez à propos; vous allez sûrement nous donner des nouvelles de madame Georges?

— Au contraire, mon cher Comard, je vais vous en demander; car, depuis six mois des affaires de toute espèce m'ont empêché de m'occuper de mes meilleurs amis.... Et le cousin, comment se porte-t-il?

— Vous ne savez donc pas?

— Quoi?...

— Le pauvre cher homme!...

— Eh bien?

— Il n'est plus malade....

— Cela me fait grand plaisir....

— Non; il n'est plus malade... Il est mort....

— Que dites-vous ? M. Georges....

— Lui-même, le cousin Georges; il y a trois mois, la goutte s'est avisée de remonter, et.... votre serviteur de tout mon cœur!... C'est comme j'ai l'honneur de vous le dire.

— Et sa jeune épouse, madame Georges, ma jo....

— Eh bien, sa jeune épouse, madame Georges, qui, par parenthèse, est légataire universelle, quelque temps après la mort du cousin, elle a vendu toutes les propriétés qu'elle avait dans ce pays, et elle a disparu sans que depuis on ait pu savoir où elle s'est retirée.

— Cela est extraordinaire.

— C'est bien aussi ce que je disais,

car, enfin, on ne peut pas toujours se désoler : le cousin Georges était un brave homme, c'est vrai; mais une veuve de vingt-cinq ans, qui est riche, jolie.... Elle n'est pas mal au moins la cousine....

Charles n'écoutait plus ; les nouvelles qu'il venait d'apprendre avaient sensiblement diminué l'ardeur avec laquelle il venait de courir sur les traces de Céline; des sentimens divers se heurtaient pour ainsi dire dans son cœur. Elle est libre, cette femme qui la première lui avait fait connaître le véritable amour, cette femme dont, il n'y a pas un an, la possession eût fait son bonheur: Sans doute elle l'aime encore ; mais les mois se sont succédé, et il n'a pas même une seule fois cherché à avoir de ses nouvelles!.... Il se sent coupable d'ingratitude ; il reconnaît ses torts, et il voudrait les réparer. L'ardente passion que lui avait inspirée sa belle marraine est, à la vérité, sensiblement refroidie ; cependant il l'aime encore ; il sent que près d'elle il trouverait encore le bonheur ; mais abandonnera-t-il Céline ?..... Céline, dont le nom seul l'enivre d'amour.... cette tendre amie dont il est l'unique protecteur !... Se résoudra-t-il à la voir passer dans les bras d'un homme qu'elle abhorre ?... Ce serait un crime !... Sera-ce par un crime qu'il répondra à tant de confiance et d'amour?... Cela est impossible. D'ailleurs, est-il bien sûr que les sentimens de madame Georges n'ont point changé? Cette dernière pensée calme un peu l'agitation du jeune homme, elle soulage son cœur: il cherche à se persuader que sa belle marraine a dû l'oublier, et peu à peu, ses réflexions prenant un autre cours, il finit par ne s'occuper que de Céline, et il se dispose à sortir pour tâcher de se procurer quelques renseignemens; peut-être même va-t-il se rendre directement chez le papa, et aborder franchement la question. De la fortune, il en a autant que son ridicule rival; il n'est pas aussi noble, mais il est beaucoup plus jeune, et il lui semble qu'il y a plus que compensation. Ce doit être l'avis de tout le monde, puisque c'est celui de l'aimable enfant qu'il adore, et le papa Rudomont sera bien forcé de se rendre à l'évidence. Voilà comme on raisonne à vingt-ans, quand on est amoureux ; on saute à pieds joints sur les obstacles, et l'on ne voit que le succès. Advient le chapitre des événemens, et adieu les beaux rêves !

CHAPITRE VI.

Le capitaine ? — Madame Georges.
— Laquelle épousera-t-il ?

Charles sort de l'hôtel de France, il se dirige vers le domicile du commissaire; mais à peine a-t-il fait quelques pas, qu'il entend prononcer son nom près de lui : il se retourne... C'est ce diable d'officier, qu'il semble ne pouvoir éviter dès qu'il met le pied dans cette ville.

—J'étais bien sûr, dit le capitaine, que vous ne manqueriez pas à votre parole. Je vous attendais.

—Ma foi, capitaine, c'est un compliment qu'en vérité je ne mérite guère, car je suis venu ici pour terminer toute autre affaire...

— J'espère, au moins, que vous êtes prêt, et que vous n'hésiterez pas...

— Si vous le voulez absolument, il faudra bien s'y résoudre; mais je vous avoue que j'aurais désiré que le temps vous eût fait oublier mes torts.

— Ces sortes d'affaires ne peuvent se terminer par des phrases.

— J'espérais pourtant que vous ne me forceriez pas à reconnaître de cette manière les services que vous m'avez rendus.

—Voulez-vous me faire douter de votre courage?

— C'est assez, capitaine, dit Charles en lui serrant fortement la main, je suis à vos ordres. Votre heure?

— A l'instant.

— Je suis seul...

— J'aurai des témoins pour deux?

— Les armes?

—Vous pourrez choisir : entrez dans ce café, je ne vous demande que dix minutes.

Charles ne reculerait pas, eût-il dix adversaires en face; ses preuves sont faites, et elles lui ont coûté cher. Ce n'est donc pas de la crainte qu'il éprouve, et pourtant il est fortement ému. Il y a trente-six heures, l'infamie planait sur sa tête, et il va de nouveau jouer son avenir, sa vie elle-même, et dans quel moment? lorsque la femme qu'il adore, la maîtresse de son cœur, livrée sans défense à ses persécuteurs, réclame son appui; c'est lorsqu'il est si près du bonheur, c'est au moment d'entrer au port qu'une nouvelle tempête le menace..... Son visage atteste les souffrances morales qu'il endure; ses regards sont devenus sombres, son teint est pâle, ses muscles se contractent; chaque instant qui s'écoule est un siècle de tortures. Cette situation dure peu;

le capitaine arrive, et avec lui quatre officiers : tous montent en voiture, on sort de la ville ; et, afin de ne point avoir à craindre des regards curieux, ce n'est qu'au-delà du premier village que l'on met pied à terre. Là on ouvre une boîte de pistolets, et deux épées sont placées à côté.

— Choisissez, dit le capitaine.

— Le choix vous appartient, répond Charles ; trève de cérémonies, je vous prie : c'est moi maintenant qui suis pressé.

— Tant pis, car j'aime à mettre de l'ordre dans mes affaires, et j'ai quelques notes à remettre à mes amis.

Charles ne réplique point; il se promène les bras croisés, tandis que son adversaire écrit tranquillement quelques lignes au crayon. Enfin toutes les dispositions sont faites: le capitaine a choisi les pistolets, mais il refuse de tirer le premier.

— Eh bien, que le sort en décide, dit Delmar.

Et il jette en l'air une pièce de monnaie... Le hasard favorise notre héros, mais cette faveur est pour lui une nouvelle peine. Les témoins ont mesuré la distance; les adversaires sont placés à dix pas l'un de l'autre. Charles, à vingt-cinq pas, serait sûr de toucher une carte: la vie du capitaine est donc entre ses mains; mais il ne peut se résoudre à profiter de cet avantage. Ce n'est pas pour venger une injure qu'il se bat, c'est uniquement pour ne pas laisser planer sur lui un soupçon de lâcheté; et puis quels malheurs pourraient attirer sur sa tête la mort de son adversaire ! Toutes ces pensées se présentent plus rapidement à son esprit qu'il n'est possible de les retracer. Il fait feu, mais en fermant les yeux et sans ajuster; le capitaine tire à son tour, et Delmar tombe sans mouvement. Les témoins courent à lui ; on le relève, on visite sa blessure : la balle a passé entre deux côtes, et paraît être entrée profondément dans le corps. Cependant le blessé respire encore ; on le porte jusqu'à la voiture : le mouvement lui fait ouvrir les yeux, il reprend connaissance, et l'on espère qu'il pourra être transporté jusqu'à la ville ; mais à peine est-on à cent pas du lieu du combat, que Charles s'évanouit de nouveau : il est impossible d'aller plus loin sans courir le risque de le voir expirer. La situation est terrible. Les officiers mettent pied à terre pour se consulter. A une portée de fusil de la grande route, on aperçoit une jolie maison de campagne; c'est le seul endroit habité où l'on puisse espérer d'arriver avant la mort du blessé, qui paraît devoir être très-prochaine. Les coussins de la voiture servent à faire une espèce de litière; Charles est placé dessus le plus commodément possible, et les officiers le portent ainsi jusqu'à l'habitation dont nous venons de parler.

On sonne, la porte s'ouvre; le le triste cortége traverse un assez beau jardin.

— Messieurs, dit Charles d'une voix faible, au nom de dieu, arrêtez un instant... Je me sens mourir...

Le cortége fait halte; on pose sur le gazon l'infortuné jeune homme. En ce moment, une jeune femme qui se promenait, arrive près du blessé : la vue des uniformes l'étonne ; elle va demander aux nouveaux venus ce qu'ils viennent faire chez elle ; mais à peine a-t-elle articulé un mot, que le visage pâle et défait de Charles frappe ses regards. Ces traits lui sont connus... elle approche, tombe à genoux sur le gazon : C'est lui ! c'est lui ! s'écrie-t-elle!... Et des larmes abondantes s'échappent de ses yeux. Cette voix a frappé Charles ; il soulève sa tête avec effort... O surprise ! c'est sa belle marraine, c'est madame Georges qu'il retrouve ! et dans quel moment!...

Les officiers font observer à la belle veuve que l'état du blessé réclame les plus prompts secours. Madame Georges comprime pour quelques instans sa douleur; elle donne des ordres, un appartement est préparé, et le concierge de la maison part à toute bride pour chercher un chirurgien.

Cependant Charles se sent moins mal; le sang, qui d'abord avait à peine mouillé la plaie, sort abondamment. Les officiers, qui ne l'ont pas encore quitté, regardent cela comme étant d'un augure favorable; mais bientôt l'arrivée du chirurgien dissipe ce faible espoir: il sonde la blessure, pose le premier appareil; et déclare que l'extraction de la balle lui paraît inutile: ce serait, dit-il, en sortant de la chambre où l'on a transporté l'infortuné Delmar, ce serait lui faire endurer de nouvelles souffrances, qui ne le sauveraient pas. — Cependant, ajoute-t-il, s'il passe la nuit, tout espoir ne sera pas perdu, et je tenterai l'opération.

Cet arrêt terrible jette sur toutes les physionomies une teinte lugubre : les officiers se retirent. Madame Georges conjure le docteur de ne pas abandonner le moribond.

—Sauvez-le ! sauvez-le ! s'écrie-t-elle, et ma fortune tout entière est à vous !..

Messieurs les médecins sont, en général, fort peu intéressés ; cependant ils ne laissent pas d'être persuadés que la fortune et la gloire s'accordent parfaitement, et que, s'il est beau de se dévouer au soulagement de l'humanité, il est fort agréable de faire ses visites en cabriolet. Ce sont là des vérités que le docteur d'Arras reconnaissait, et auxquelles il était toujours disposé à rendre hommage : de sorte qu'il ne se fit pas beaucoup prier pour consentir à passer la nuit près du blessé. Madame Georges voulut elle-même rester près de son jeune ami, dont la vie ne tenait plus qu'à un fil. Plusieurs fois, pendant la nuit, le médecin engagea la jolie veuve à se retirer : Charles s'évanouissait fréquemment, et, à chaque nouvelle faiblesse, le docteur craignait de le voir expirer; mais cette crainte était précisément ce qui retenait madame Georges : quelque affreuse que pût être la réalité, l'incertitude lui semblait plus cruelle encore.

Le jour parut; les évanouissemens devinrent moins fréquens; le premier appareil fut levé, et le docteur déclara qu'il croyait pouvoir pratiquer l'extraction de la balle. En ce moment, un rayon d'espérance pénétra jusqu'au cœur de madame Georges; elle s'approcha du blessé, lui prit la main, la serra tendrement, et ne la quitta que lorsque les préparatifs de l'opération furent terminés.

La blessure était dangereuse et profonde; pendant plusieurs jours la vie de Charles fut en danger. La jolie veuve ne quittait presque pas le chevet de son jeune ami ; mais le docteur avait défendu toute espèce de conversation ; il fallait se contenter de quelques tendres regards, et pourtant on avait tant de choses à se dire!

Charles savait déjà que madame Georges était veuve ; mais ce qu'il ignorait, c'est que lui seul était cause de la résolution qu'avait prise sa belle marraine de s'ensevelir pour toujours dans la retraite. La douleur que lui avait causée la perte de son mari, qu'elle se plaisait à nommer son bienfaiteur, n'avait pu l'empêcher de penser à son jeune ami ; pensées d'amour avaient promptement adouci ses regrets. Libre et maîtresse d'une fortune considérable, elle rêva le bonheur ; mais ce rêve fut court. Des semaines, des mois s'étaient écoulés, et Charles n'avait point paru chez sa belle marraine ; il n'avait pas même donné de ses nouvelles. Madame Georges avait secrétement fait prendre des informations ; elles avaient été infructueuses. — C'en est fait, s'était dit la jeune veuve, il m'a oubliée !.. il ne m'aime plus.. peut-être ne m'a-t-il jamais aimée!. l'ingrat!. s'il savait tout ce qu'il m'en a coûté pour résister!... Mais que lui importe? le monde, les plaisirs, les bonnes fortunes, cela lui permet-il de donner un moment à la femme qu'il avait juré d'aimer toujours!..

Madame Georges, comme on le voit, se trompait un peu : ce n'était ni le monde ni les plaisirs qui retenaient Charles, c'étaient tout simplement de bonnes serrures, de gros barreaux et d'honnêtes guichetiers. Il est vrai qu'indépendamment de tout cela, il y avait encore la fille du commissaire, près de laquelle notre héros ne pouvait penser à d'autres amours. Voilà ce que la tendre veuve ne savait pas ; mais on peut raisonnablement penser que, si elle l'eût su, elle n'y eût pas trouvé sujet de consolation. Ah! sans doute j'ai mérité ce dédain, se disait-elle encore, puisque j'ai pu croire à ses sermens, puisque j'ai pu prendre plaisir à les entendre, puisque j'ai brûlé du désir de couronner son amour, que je croyais sincère... l'illusion est détruite et la réalité ne me laisse que mes fautes... Ayons au moins le courage de les expier! C'en est fait, je renonce au monde... Qu'y trouverais-je d'ailleurs? le bonheur n'est pas là; il n'est nulle part pour moi... Charles! Charles! si tu savais ce que je souffre!.. De la pitié!.. bon Dieu! je réclamerais ta pitié!..jamais! Je serai malheureuse, mais tu l'ignoreras!

Et chaque jour, après avoir répété tout cela, madame Georges ne laissait pas de s'informer avec beaucoup de soin si l'on avait pu se procurer quelques nouvelles de M. Delmar; et chaque matin, en ouvrant les yeux, elle disait: Peut-être sera-ce aujourd'hui!... Le jour passait lentement, la jolie veuve ne quittait son balcon que le soir; puis elle soupirait; quelques larmes venaient mouiller ses paupières, et elle se couchait en prenant de nouveau la résolution d'aller s'enfermer dans une retraite où elle vivrait ignorée, et passerait sa vie à penser à l'ingrat, passe-temps qui ne devait pas être excessivement gai.

Je sais bien qu'on peut être organisé

de telle sorte que cela paraisse délicieux : le pleurnicheur Baculard et le sensible M. Bouilli furent pétris de cette pâte : pour eux, point de véritable plaisir s'il n'est assaisonné *aux larmes et aux pleurs* et entrelardé de gros soupirs; mais tout le monde n'est pas taillé sur le même patron que ces deux grands hommes; et il est permis de penser que la belle veuve avait grand tort de croire qu'elle trouverait toujours du plaisir à pleurer l'ingrat qu'elle aimait. Mais comme on peut être jolie, sensible et entêtée, et que madame Georges était tout cela, elle persista dans son projet. En conséquence, elle vendit presque toutes les propriétés que lui avait léguées le défunt, plaça l'argent que produisit cette vente dans les fonds publics, acheta secrétement, dans les environs d'Arras, une jolie petite maison de campagne, et s'y retira sans en donner avis, à qui ce fût : cette conduite était bizarre, extravagante ; mais quoi de plus bizarre, de plus extravagant que les amoureux !

Trois mois s'étaient déjà écoulés ; je ne dirai pas que madame Georges commençait à s'ennuyer vers la fin du troisième, mais je n'oserais affirmer le contraire. Néanmoins elle aimait toujours le volage Delmar ; elle en parlait souvent avec Julie, qui l'avait suivie dans cet ermitage. Julie avait rougi la première fois en parlant de *cette demoiselle* qui l'embrassait comme Adrien, qui la pressait comme Adrien, et qui peut-être avait fait bien autre chose, toujours *comme Adrien*; mais, comme la dissimulation est un art dans lequel une femme excelle sans l'avoir étudié, Julie avait paru fort surprise d'apprendre que *cette demoiselle* était un beau jeune homme qui tournait la tête à sa maîtresse.

Les choses en étaient là, lorsque le hasard amena Charles expirant dans la retraite de sa belle marraine. C'est quelquefois un auxiliaire bien utile que le hasard, et, je me plais à le reconnaître, c'est surtout à nous autres romanciers, qu'il rend d'importans services. Hasard! divinité tutélaire, sans toi, où en serions-nous ?... Nous t'invoquons, et aussitôt les événemens naissent sous notre plume. Qui fait que nous avons quelquefois du succès ? le hasard ; que nous avons de temps à autre le sens commun ? le hasard ; et s'il nous arrive d'avoir de l'esprit..... bienheureux hasard ! je ferais une ode en ton honneur, si j'étais poete.... Que de grands hommes qui te doivent bien plus, et sont moins reconnaissans que moi!...

Madame Georges ne cessait de prodiguer à Charles les plus tendres soins, et la situation du blessé devenait chaque jour plus rassurante.

— Ah! ma belle marraine, disait-il, que je suis heureux de vous revoir!..

— Heureux!.... Charles, cela est-il bien vrai?... Vous ne m'aviez donc pas oubliée?

— Oubliée!... vous oublier, tendre amie, pensez-vous que cela soit possible?...... J'ai gardé le silence; mais il le fallait, et lorsque j'appris que vous étiez libre, il y avait déjà quelque temps que vous aviez disparu sans que l'on sût où vous vous étiez retirée.... Belle marraine, n'ai-je pas juré de vous aimer toujours?..

—Pauvre enfant!.. et je l'accusais!...

— Vous m'accusiez, et j'étais dans un cachot; et c'était en pensant à vous que je trouvais quelque adoucissement à mes maux....

Charles mentait; mais il faut bien l'excuser, le cas était embarrassant; et puis on sait qu'il avait l'imagination vive ; et, puisqu'il avait pris autrefois de l'amour pour de la reconnaissance, il n'était pas impossible qu'il prît alors de la reconnaissance pour de l'amour. Madame Georges semblait rajeunir depuis que le bien-aimé était près d'elle; son joli visage avait repris toute sa fraîcheur et ses yeux tout leur éclat; le deuil qu'elle portait lui donnait un air mélancolique qui ajoutait encore à ses charmes, et il n'en fallait pas tant pour que notre étourdi soupirât de bonne foi. Cela, il est vrai, ne l'empêchait pas de penser à Céline ; il brûlait du désir de la revoir, et de l'arracher au ridicule personnage qu'on lui destinait. En vain Laurent, le bon Laurent, qui avait rejoint son maître deux jours après le funeste duel, cherchait-il à le tranquilliser ; il allait quelquefois à la ville, il prenait des informations, et rien ne pouvait faire présumer que le mariage de M. Dublaisot dût être prochain ; Comard même lui avait dit que le repas de noces était ajourné indéfiniment. Tout cela était rassurant ; mais ne diminuait rien de l'impatience du jeune homme.

— Laurent, dit-il un jour, le temps est superbe; je me sens bien, parfaitement bien; viens m'habiller, je veux sortir un peu.

— Y pensez-vous, monsieur?.... Le médecin disait encore hier que de plus de quinze jours vous ne seriez en état de faire seulement le tour de votre chambre.

—Bah! le médecin, le médecin... C'est un habile homme sans doute, je me plais à le reconnaître; mais il semble, à entendre ces messieurs-là, que l'on ne doit se bien porter que lorsqu'ils en ont accordé la permission.... Diable!... je sais ce que je sens, peut-être!...

— Réfléchissez donc, mon cher maître....

— Réfléchir.... Oh! parbleu, il y a trois semaines que je réfléchis et que je me donne au diable....Allons, mon vieux Laurent, fais-moi l'amitié de remettre tes sermons et tes remontrances à un autre jour... Tiens, si tu veux seulement me conduire jusqu'à la ville, je te promets de t'écouter ce soir tant que tu voudras.

— A la ville! miséricorde! Vous n'y arriveriez pas vivant!...

— Quand je te dis que je suis parfaitement bien....

Et pour donner plus de poids à ses paroles, Charles fit un effort pour se mettre hors du lit; mais à peine ses pieds eurent-ils touché le parquet, qu'il chancela et se laissa tomber sur un fauteuil.

— Quand je vous disais que vous étiez encore trop faible?...

— Ce n'est rien, Laurent, ce n'est rien.... le défaut d'habitude... mais quand j'aurai pris l'air, ça ira mieux.

Le vieux serviteur fut obligé de céder: il habilla Charles comme il put, lui fit mettre un habit, une redingote, et par-dessus tout cela un ample manteau; de sorte que le pauvre malade, qui ne pouvait qu'à peine se soutenir, fut incapable de faire un pas avec un tel fardeau. En vain il se fit donner une canne, et s'appuya tant qu'il put sur le bras de Laurent, il fallut se laisser retomber sur le fauteuil.

— Eh bien, Monsieur, êtes-vous convaincu maintenant?

— Oui, mon vieil ami, je suis convaincu d'une chose, c'est que, si cela dure encore quelque temps, je mourrai d'ennui.

— Quoi! vous vous ennuyez ici... près de madame Georges, qui ne vous quitte presque point?... une femme charmante, qui vous adore, qui...

— Tu as raison, Laurent... une femme charmante, qui m'aime beaucoup, qui m'aime trop même... et c'est là justement ce qui me désespère.

— Ma foi, je n'aurais jamais pensé qu'il y eût là de quoi se désespérer.

— C'est que tu n'entends rien à l'amour.

— Ce que vous dites là est possible, à la rigueur ; cependant je me souviens qu'une fois... c'était en 78 ou 79...

— Ecoute, mon vieil ami, je consens à ne pas sortir; mais...

— La belle grâce que vous nous faites là, après vous être assuré qu'il vous est impossible de mettre un pied devant l'autre.

— Veux-tu m'écouter, Laurent!.. je te dis que je ne sortirai pas, à condition que tu iras me chercher des nouvelles de Céline.

— Mais, monsieur, je vous ai dit que le repas de noces était ajourné indéfiniment ; est-ce que cela ne vous suffit pas ?

— Il faut absolument que tu voies Céline, que tu lui parles, qu'elle sache où je suis, ce qui me retient, et que tu m'apportes quelques lignes d'elle.

— Comment, mon cher maître, vous voulez que moi, le vieux Laurent, qui suis arrivé à ma soixante-cinquième année sans m'être jamais mêlé d'intrigue amoureuse...

— Deux lignes de Céline, et je reste au lit quatre jours de plus...

—Examinez donc...

— Huit jours...

— Réfléchissez, je vous prie...

— Quinze jours... Laurent, c'est là mon *ultimatum*; si tu refuses, je fais venir une chaise, des porteurs, et nous verrons un peu si je serai le maître d'aller où il me plaît.

Le bon Laurent vit bien qu'il ne gagnerait rien à résister plus long-temps, et il partit sans trop savoir comment il s'y prendrait pour pénétrer dans la maison du commissaire. Au moins, pensait-il, j'aurai fait preuve de bonne volonté, et je tâcherai de démontrer à notre étourdi que, l'intention devant être prise pour le fait, il est en conscience obligé de tenir parole, et de rester au lit. Et puis, il n'est pas impossible que, chemin faisant, il me vienne une bonne idée.. Quoi qu'il en soit, il me semble que nos affaires s'embrouillent, car il est clair que madame Georges n'a pas plus envie de rester veuve, que mademoiselle Céline de devenir comtesse, et pourtant... ma foi, cela finira comme il plaira à Dieu; l'important est que notre amoureux guérisse. Après cela, qu'il se marie comme il voudra, tant qu'il voudra... Il y a vingt ans que ces choses-là ne sont plus de ma compétence.

En raisonnant de la sorte, Laurent avançait vers la ville; et il fut tout surpris de se trouver près des remparts, avant d'avoir songé aux moyens de remplir sa mission.

CHAPITRE VII.

Le billet. — Plaisir et chagrin.

La fuite de Céline avait fait du bruit dans la ville; quelques propos étaient venus aux oreilles de M. Dublaisot, et avaient produit une assez vive impression pour que ce noble mortel, naguère si pressé de se marier, afin de perpétuer son illustre race, ait lui-même cherché à gagner du temps. En vain le commissaire pressait le dénouement après lequel il soupirait; l'officier des haras tenait la bride à son ardeur matrimoniale.

—Que diable! M. le comte, disait le papa, il faut savoir ce que vous voulez. On enlève ma fille; vous paraissez disposé à mettre la France sens dessus dessous pour la retrouver ; vous arrivez ici en mourant d'envie de vous marier, jurant de l'être dans les vingt-quatre heures, et voilà que tout à coup vous devenez sombre, rêveur, et que vous demandez des délais, comme si vous aviez peur d'être trop tôt heureux.

—Que voulez-vous, beau-père, on n'est pas maître de ces choses-là. J'avais, comme vous le dites, l'intention de terminer promptement; mais, depuis, j'ai été tourmenté par des pressentimens... Céline est adorable, et, foi de gentilhomme, ça ferait la plus jolie petite comtesse... tout le monde est d'accord sur ce point; mais on ajoute que son enlèvement n'est pas clair; on prétend qu'il y a quelque chose là-dessous; on va même jusqu'à dire... Je sais bien que vous allez me répondre: *la fille d'un fonctionnaire public...* A la bonne heure, vous êtes fonctionnaire public, je ne dis pas le contraire, et toute la ville d'Arras convient que M. Rudomont, qui, par état, est obligé de tout voir, d'entendre tout, de savoir tout, ne peut par conséquent ignorer de rien; eh bien, malgré tout cela, je me suis laissé dire que, sur le chapitre des enlèvemens, les amoureux en savent encore plus long que les commissaires, et qu'il n'est pas impossible que l'on vous ait fait prendre des vessies... ce qui, joint aux pressentimens...

— Ainsi, M. le comte, c'est une affaire rompue?...

— Rompue!... je n'ai pas dit cela; seulement je pense qu'il est bon de laisser à la petite le temps de se remettre.

— Et il n'a fallu pour influencer M. le comte, que les propos de quelques commères!...

— Et mes pressentimens, papa Rudomont... et puis il ne faut pas oublier ce précepte : *Dans tout ce que tu fais hâte-toi lentement...*

— Il faut pourtant que je sache à quoi m'en tenir...

— Eh bien, beau-père, pour le moment, tenons-nous-en là.

— Non, M. le comte, non, cela est impossible, Céline ne souffrira point un aussi étrange caprice : je vais lui annoncer que tout est rompu.

— Vous ne voulez donc pas qu'elle devienne comtesse ?

— Peu m'importe, une fille comme celle-là deviendra marquise quand elle voudra.

— Mais, beau-père...

— Elle se passera aisément d'un mari qui a des pressentimens...

— Faites donc attention...

— D'un mari qui écoute les commérages...

— Mais permettez...

— Et elle se moquera des s... des ignorans.

— Qu'est-ce à dire, M. Rudomont? prendriez-vous le comte Dublaisot pour un ignorant?...

— Je ne dis pas...

— Pardonnez-moi, M. le commissaire, vous avez dit *ignorant*; quel diable! j'ai de bonnes oreilles, et j'ai parfaitement entendu ignorant...

— Vous croyez que j'ai dit...

— Oui, M. Rudomont, vous l'avez dit, et alors vous m'avez insulté, ce qui fait que...

— Puisque vous le voulez absolument, M. le comte, il faut bien que je l'aie dit; mais qu'est-ce que cela prouve?... Savez-vous ce que c'est que l'ignorance?... l'ignorance, M. le comte, est le sommeil de l'intelligence; ainsi c'est absolument comme si j'avais dit l'intelligence de M. Dublaisot est endormie... mais elle se réveillera, et alors M. le comte ne croira plus aux pressentimens, il n'écoutera plus les propos des oisifs, des médisans, et il épousera Céline.

— Parbleu ! papa Rudomont, il faut avouer que vous avez terriblement d'esprit, pour un commissaire!... Feu M. de Cicéron, qui, je crois, était un peu parent des Dublaisot, n'aurait pas mieux parlé... Oui, beau-père, elle se réveillera... j'oserai même dire qu'elle est réveillée, et la preuve de cela, c'est que je serai votre gendre avant la fin du mois... Vous êtes bien sûr que la petite n'a pas d'autre...

— Impossible, M. le comte; elle vous aime trop pour cela.

— C'est que, malgré moi, je ne puis m'empêcher de penser à ce grand diable qui m'a fait faire la culbute....

— C'était la première fois qu'il voyait Céline...

— Je ne dis pas le contraire; mais on assure qu'il y a par le monde un grand nombre d'escogrifs qui n'ont besoin que d'un instant pour tourner la tête à une femme et escamoter le cœur le plus vertueux... Je sais bien que la petite m'aime, et, quand on est taillé comme moi, on ne doit pas craindre... et puis, comme vous le dites si bien, la fille d'un fonctionnaire... Ainsi, beau-père, encore huit jours, et c'est une affaire faite, et je vais de ce pas prévenir Comard qu'il se tienne sur ses gardes... C'est un mariage dont on parlera, papa Rudomont! c'est moi qui vous le dis... ces noces-là feront du bruit dans le monde, et, pour commencer, je vais les faire annoncer dans le journal du département.

Malgré ces nouvelles promesses, le commissaire n'était pas parfaitement tranquille; car depuis le retour de Paris elles avaient été dix fois renouvelées ; et puis, Céline ne répondait aux prières, aux ordres ou aux menaces de son père, que par des larmes. La pauvre enfant, cependant, commençait à perdre l'espérance : Charles était libre, et elle n'entendait point parler de lui : il ne l'aimait donc plus, il l'abandonnait. A force de se répéter cela chaque jour, elle commençait à se le persuader; mais, loin d'être plus disposée à devenir la femme de M. Dublaisot, elle le haïssait d'autant plus, qu'elle l'accusait même de l'infidélité du bien-aimé.

Les nouvelles qu'apportait Laurent ne pouvaient donc arriver plus à propos. Malheureusement le vieux serviteur n'avait pas l'esprit inventif; depuis plus d'une heure, il se promenait sous les fenêtres du commissaire, levait les yeux, examinait les issues de la maison, se frappait le front et ne trouvait rien. Déjà il commençait à désespérer du succès de son message, et il songeait à se retirer, lorsqu'il fut aperçu par M. Dublaisot, qui se rendait chez le père de Céline. Le noble comte, dont l'intelligence sommeillait souvent, et qui n'en était que plus ombrageux, ne manqua pas de remarquer qu'un inconnu regardait attentivement le domicile de la future, et il se crut sur le point de découvrir un grand complot.

— Que fais-tu là, bon homme? dit-il à Laurent.

— Bon homme... bon homme.... Peut-être pas autant que vous, répondit le vieux serviteur offensé.

— Qu'est-ce à dire, drôle? Sais-tu bien que tu parles à un officier des haras?

— Il paraît, alors, que vous me prenez pour un de vos administrés.

— Insolent!... Je ne sais à quoi il

tient que je ne te traîne chez le commissaire....

— En vérité?.... Eh bien, foi de Laurent, vous me rendriez service.

— Ah! tu fais le plaisant....

— Moi?.... pas du tout; je sais trop ce que je dois à un officier des haras pour lâcher la bride au respect...

— Oui da! mon drôle. Nous allons voir si tu changeras de ton....

A ces mots, M. le comte saisit au collet le pauvre Laurent, qui remercie tout bas sa bonne étoile, tandis que M. Dublaisot murmure :—Il ne veut pas dire ce qu'il faisait là, preuve qu'il n'y faisait rien de bon; j'ai dans l'idée que cela me regarde un peu.... Si la chose ne s'éclaircit pas, je donne contre ordre à Comard.

Laurent, innocent de tout délit, redoute peu les suites de cette aventure; une seule chose l'occupe : il va voir Céline, peut-être pourra-t-il lui dire quelques mots; Charles sera aux anges, et il guérira trois fois plus vite. Cette pensée domine toutes les autres, et Laurent embrasserait volontiers M. le comte, qui lui rend un si grand service.

On entre, on arrive à l'appartement du commissaire; le papa Rudomont est absent; Céline et une vieille gouvernante sont seules. A peine la jeune fille a-t-elle aperçu Laurent, que son beau visage change de couleur; l'air important de M. Dublaisot lui fait craindre quelque catastrophe; mais le vieux Laurent lui fait un signe d'intelligence qui la rassure un peu.

— Ma charmante, dit le comte, voici un drôle que j'ai trouvé en sentinelle à votre porte, et qui a osé insulter votre futur époux; j'espère que le beau-père m'en fera bonne justice....

— Monsieur, s'écria Laurent, je ne suis pas un drôle; mais j'ai l'honneur d'appartenir à M. Delmar : mon maître, qui habite dans une maison de campagne à deux lieues d'ici, est dangereusement malade par suite d'une blessure : le médecin qui le traite est un habile homme ; mais mon maître prétend qu'il ne guérira pas tant qu'un autre docteur, qu'il aime par-dessus tout, ne lui aura pas donné une ordonnance. C'est chez ce docteur que je me rendais lorsque vous m'avez adressé la parole, et si j'avais l'air de chercher, c'est que j'ai perdu l'adresse et que j'ai oublié le nom. Toujours est-il que, si vous me retenez, vous pourrez être cause de la mort d'un brave jeune homme....

Laurent, enchanté de l'esprit qu'il se trouvait, faisait, en parlant, plusieurs signes à la jeune personne qui le comprenait parfaitement.

—Monsieur le comte, dit-elle, vous

n'aurez certainement pas la cruauté de retenir ce pauvre homme.

—Ma charmante, c'est que...

— C'est que, c'est que, M. le comte, si vous étiez capable de cela, je ne vous verrais de ma vie.

—Dès que vous m'en priez.... Drôle! tu es bien heureux d'avoir trouvé un pareil avocat. Cependant, ma toute belle, quand vous serez comtesse, il faudra vous défaire de cette compassion... cela est bourgeois en diable.

— Eh bien, monsieur, il faudra en prendre votre parti, car je ne changerai pas.

— Oh! vous croyez, mais lorsque.... Eh bien, que fais-tu ici? n'ai-je pas accordé ta grâce?

— Monsieur, répondit Laurent, je voulais prier mademoiselle, qui est si bonne, de vouloir bien m'écrire l'adresse que j'ai perdue, et que mademoiselle sait sans doute, car ce médecin fait des cures merveilleuses.

— Comment, misérable, tu oses..
Et prenant Laurent par les épaules, M. le comte se disposait à le jeter à la porte; mais Céline, qui avait deviné au premier mot, déchira vivement un feuillet de son souvenir, y traça quelques mots au crayon, et, s'avançant pour s'opposer aux violences du comte, elle glissa ce

billet dans la main du vieux serviteur, qui, tout joyeux et presque fier de l'habileté dont il venait de faire preuve, se hâta de sortir de la ville.

— Parbleu, mon cher maître, disait-il, vous serez bien forcé de guérir!... Je tiens l'arrêt qui vous condamne à ne sortir de quinze jours; il n'y a pas à s'en dédire, et dès à présent vous êtes prisonnier sur parole... Si pourtant la jeune personne s'était avisée de vous alarmer, de vous donner des inquiétudes... le billet est bien court; mais il n'en faut pas long pour vous mettre la tête aux champs... il n'y a point de cachet... je pourrais m'assurer... ce n'est pas la curiosité, mais la santé de ce jeune fou... Qu'est-ce à dire, Laurent? je crois, corbleu! que vous cherchez à faire capituler votre conscience?... Etes-vous donc jaloux de marcher sur les traces de la tourbe des valets ? Voulez-vous vous rendre digne d'une place *au cabinet noir*?... Fi! Laurent, cela n'est pas bien, cela est mal, très-mal, à votre âge!... Après s'être ainsi tancé, le bon homme remit en poche le billet qu'il en avait déjà tiré, et doubla le pas, de peur que la tentation ne se renouvelât.

Madame Georges, selon la douce habitude qu'elle en avait prise, était assise près du lit de son cher malade lorsque Laurent entra tout rayonnant.—Monsieur, s'écria-t-il, j'apporte l'ordonnance...

— Laisse-moi, Laurent tu me parleras de cela une autre fois.

Oh! il n'y a pas à dire non, mon cher maître; vous resterez, s'il vous plaît, quinze jours dans votre lit, et....

— Je te dis de me laisser en repos.

— Vous aurez bien le temps de vous reposer, et je suis bien sûr qu'aucune espèce de fatigue ne vous empêchera de li....

— Laurent! as-tu juré de me pousser à bout? Je t'ordonne de sortir sur-le-champ.

Pendant ce colloque, madame

Georges avait attentivement examiné la physionomie de son jeune ami: que signifiait le trouble qu'elle y avait remarqué? Pourquoi Charles avait-il paru craindre que Laurent parlât? Quelles étaient ces bonnes nouvelles que le bon homme avait annoncées? Telles étaient les questions que se faisait l'aimable veuve : une inquiétude vague la tourmentait; elle sortit afin de donner un libre cours à ses conjectures. A peine avait-elle quitté la chambre du malade que Laurent y revint.

— Maudit bavard ! s'écria Charles, ne pouvais-tu attendre que je fusse seul?

— Ma foi, monsieur, quand j'ai

de la joie; je suis toujours pressé de la communiquer; et puisque c'est mademoiselle Céline que vous aimez, il me semblait qu'il n'y avait pas d'inconvénient; car enfin, vous ne pouvez pas en épouser deux.

— Cela ne te regarde pas.

— A la bonne heure; mais....

— Veux-tu bien parler maintenant.

— Moi! je n'ai rien à vous dire.

— Comment!.

— Absolument rien; mais voici un billet qui vous plaira peut-être plus que...

—Eh! donne donc, bourreau!

Charles s'empare avec avidité du papier que lui présente Laurent, et il lit :

« O! mon ami, je vous en con-
« jure, ne négligez rien pour votre
« prompt rétablissement. Vous savez
« si Céline vous aime ; elle a juré de
« n'être à personne si elle ne peut
« être à vous : elle tiendra son ser-
« ment. »

En un instant Charles a relu dix fois ce peu de lignes; il les couvre de baisers, il presse ce petit papier sur son cœur ; et Laurent, s'apercevant que son maître est maintenant in-capable de l'entendre, se retire en jurant qu'il ne se mêlera plus de ces affaires-là.

Cependant peu à peu la joie du malade devient plus calme ; bientôt ses paupières s'appesantissent, et il s'assoupit, bercé par les songes les plus agréables.

Ce n'était pas un songe qui, en ce moment, occupait madame Georges ; elle pensait au trouble de Charles, qu'elle cherchait vainement à expliquer ; elle n'osait interroger Laurent, et cependant l'inquiétude la dévorait. Enfin, espérant que dans la conversation il ne lui serait pas impossible d'obtenir quelques éclaircissemens, elle revient près du malade.... Il dort ; une de ses mains est posée sur son cœur et le sourire du bonheur est sur ses lèvres ; la belle

(216)

veuve s'avance doucement; le papier que tient Charles frappe ses regards, elle s'en empare d'une main tremblante..... Il lui semble qu'elle vient de lire son arrêt de mort!

FIN DU SECOND VOLUME.

TABLE.

PAG.

CHAPITRE PREMIER. — Bruxelles. — M. le directeur. — Les perruques.   1

CHAPITRE II. — L'oreille de l'ambassadeur. — M. le bourgmestre.   34

CHAPITRE III. — Il est condamné. — Le commissaire. — L'officier des haras.   60

CHAPITRE IV. — Prison. — Elle est partie. — L'ange consolateur.   89

CHAPITRE V. — Se mariera-t-il? — Le jugement. — Ça n'est pas clair.   128

CHAPITRE VI. — Le capitaine. — Madame Georges. — Laquelle épousera-t-il?   156

CHAPITRE VII. — Le billet. — Plaisir et chagrin.   191

FIN DE LA TABLE DU SECOND VOLUME.

EN VENTE :

CIMETIÈRE (le) de la Madelaine, par REGNAULT-WARIN. 4 vol. in-12, fig. 10 f.
— LE MÊME, 4 vol. in-18, fig. 6 f.

CLARA, ou les Femmes seules savent aimer; traduit de l'allemand par madame la baronne de LAMOTTE-FOUQUÉ, auteur d'Ondine. 3 vol. in-12. 7 f. 50 c.

ELLE ET MOI, ou Folie et Sagesse, par BEAUFORT; 2 vol. in-12, fig. 4 fr.

ENFER (l') sur la terre; traduit de l'allemand de J. G. GRUBERT. 2 vol. in-12, figures. 4 fr.

EUGÉNIE, ou la Sainte par amour : nouvelle historique, précédée d'une notice sur l'amour; par l'auteur du Dominicain. 1 vol. in-12. 2 f.

FIGARO (le) DE LA RÉVOLUTION, par GILBERT, auteur d'Alima, 2e édition, 3 v. in-12, fig. 7 f. 50 c.

FEMMES (les) Entretenues, dévoilées dans leurs intrigues galantes, ou le fléau des familles et des fortunes; par une de leurs victimes. 2 vol. in-12, ornés de jolies gravures. 6 f.

FRÉDÉRIC BRACK, ou l'élève des Bohémiens; roman de J. G. MULLER, traduit de l'allemand, sur la deuxième édition, par mademoiselle DUDREZÈNE, auteur de la Forêt de Woronetz, etc 6 vol. in-12. 15 f.

www.ingramcontent.com/pod-product-compliance
Lightning Source LLC
Chambersburg PA
CBHW071928160426
43198CB00011B/1320